慈心華德福的
教育夢土

從衝撞到典範，張純淑的辦學路

台灣華德福教育先行者
張純淑——著

許芳菊——採訪撰述

目錄

第一部——

為孩子打造一塊教育的夢土

第二部——

實踐當代教育的藝術

第三部——

走在人智學修行的道路上

1　張純淑女士飽含對孩子的愛，創辦慈心華德福。

2 華德福校舍建築著重平衡與美感。（林曉芬 攝）

3 慈心托兒所創立時期樣貌。

4　唱歌與跳舞對華德福老師來說就是日常。（林曉芬 攝）
5　學生自製節慶燈籠與許願木牌。（林曉芬 攝）
6　春天活動五月舞，表達對天地的虔敬。（林曉芬 攝）

7 華德福教育是自編教材，由老師創作黑板畫。（林曉芬 攝）

8 每日晨圈。（林曉芬 攝）

9　華德福低年級學生使用蠟筆書寫工作本。（楊雅棠 攝）

10　學生從五年級開始上木工課。（林曉芬 攝）

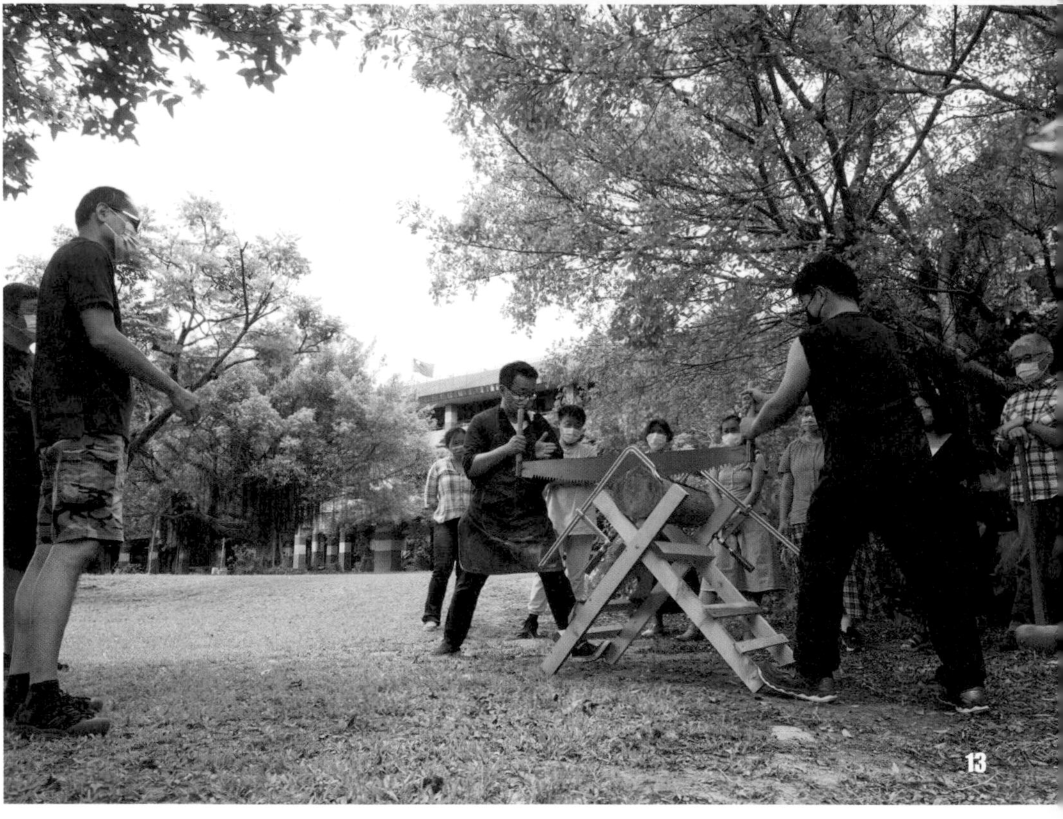

11 慈心校園裡的生態池。（楊雅棠 攝）

12 大自然中的小自然，教室外一角落。（楊雅棠 攝）

13 辦學成果分享會的綠木工教學工作坊。（林曉芬 攝）

14 親子共學裡純淑奶奶說故事。（曾千倚 攝）

15 說故事時使用手作懸絲動物偶。（曾千倚 攝）

16 純淑奶奶用台語說著小動物們的故事。（曾千倚 攝）

17　自種自栽的有機當季食材。（曾千倚 攝）
18　生火料理廚房中，回收被廢棄的木材做柴燒與窯燒。（曾千倚 攝）

推薦序——

探索教育未來的牧羊人

嚴長壽 公益平台文化基金會董事長

回憶起十幾年前，為了接手佛光山星雲大師二〇〇八年創立，位於偏鄉台東的均一中小學，我做了很多的田野調查。實地參訪許多不同教育理念的學校後，我找到了宜蘭的慈心華德福學校，並認識了慈心的創辦人張純淑女士。當時，我看到華德福教育非常重視美學藝術的全人教育，深深體悟這種方針不僅十分適合偏鄉的原住民孩子，在科技幾乎取代人類的當下，也非常適合一般青年學子培養在科技資訊廣泛駕馭人類思想與運用之前必須具備的學習素養。

因此從二〇一三年起，均一的老師們花了整整兩年到慈心的師培中心參與研習，並同步邀請張純淑創辦人到台東協力辦學，在均一國小部撒下華德福教育的種子。同年，為了強化社會對華德福教育的認同，我接任了人智學教育基金會董事長，在兩任六年的時間內，盡力讓更多高等教育單位與家長們看見實驗教育的可能性。更重要的是，我自己也得以從中學習華德福教育的堂奧之妙。

純淑老師在引進華德福教育的前面幾年可以說是備嘗辛苦，不僅要承受外人對於創新教育理念的質疑與冷嘲熱諷，還要獨自扛起巨大的財務壓力。她不惜代價，前後賣掉三棟房子，就是為了全力支持慈心的老師們有機會到國外接受華德福教育的培訓，企盼他們學成歸國後能將所學滋育孩子們，也能成為眾多台灣基層教師的老師，孕育更多的華德福教師種子。台灣教育改革引路的苦行僧，純淑老師應該當之而無愧！

而我參與華德福教育，可說也在尋覓一個新的模式，嘗試創造現今教育體制改革的希望。比方說，華德福學校的老師會安排不同年齡的孩子們，改編莎士比亞戲劇或西城故事等音樂劇，讓孩子沉浸在劇情的時空、演練對話，深刻了解戲劇的隱喻；有時候挑戰全英語的演出，也讓英語學習變得更有趣。更重要的是，一切都靠孩子們自己動手做，無論是布景、道具、服裝、化妝、燈光、音樂……，全班的孩子都可以經由排練戲劇過程，找到自己的天賦。不是只有演出主要角色才能讓自己變成第一名，而是讓每一個角色都學習為自己負責，因而獲得成就感。這種不強調競爭的學習環境與文化，才能讓孩子用自己的節奏與步伐勇敢嘗試各種學習，並且發展自己的興趣。孩子也能在童年階段培養對生命的熱愛與正向態度，並學習彼此之間的關懷與合作。在與華德福學校的交流研習中，均一的中學教育也獲得了許多啟發。

衷心期盼這本書能成為探索教育未來的牧羊人，攸關當下青年教育的歷程，能讓更多人學習與借鏡。

推薦序——

教育未來的引水人——純淑奶奶的華德福行腳札記

陳佩英
國立台灣師範大學教育學系教授、
教育研究與創新中心主任

慈心華德福，從幼兒園到高中的實驗學校，誕生於宜蘭的土地上，可說是Mission Impossible 的大願成型。本書作者純淑老師，以第一人稱書寫個人志工史，描述她和夥伴茹苦含辛將學校從無到有拉拔長大的歷程，也見證了台灣教育翻土之後對於教育未來想像的新風貌。

慈心從一般正規學校轉向人智學華德福教育，是大破大立的覺悟，若非有大願向宇宙借力，召喚著有志之士，恐難成其事。純淑老師因著對斯土斯人濃郁的情感，便帶著赤誠之心，和華德福師生、家長一起構築以人為本的教育未來。

純淑團隊剛開始對教育翻土鬆土時，適逢台灣邁向自由民主之路，在眾聲喧譁、價值相爭時期，純淑選擇重新重視環境與人的生命聯繫，深思教育的成人之美和可能的實踐途徑。

如同愛因斯坦所言：「我們不能用製造問題的相同思維來解決問題」，慈心華德福若要跳脫台灣解嚴前的體系文化與集體心智，需要向未來學習，進行一場跳脫框架的想像行動。而這也是U型理論提出來的覺知型社會變革。

慈心華德福其實就是一場覺知型的社會變革運動，啟發新生態誕生的可能。《U型理論精要》（The Essentials of Theory U: Core Principles and Applications）一書的作者奧圖・夏默（C. Otto Scharmer），在其書的前言中提到：

> 領導力的根本是要對我們的盲點（這些內在條件或源頭）變得覺知，然後針對所面對處境的要求來轉變我們在操作時所依據的內心狀態。這代表身為領導者和變革推手，我們的職責就是耕耘社會領域的土壤。社會場域是有個人、群體和系統間的關係所構成，會交織出思考、交談和組織的型態，進而產生實際結果。（U型理論精要，頁29）

所謂的「領導力」是引發社會變革的推力，慈心作為行動集體，耕耘教育場域的土壤，對台灣教育整體產生影響，可稱為「覺知型的社會變革」。

在這慈心場域的個體、群體和系統所蘊生的新型教育生態，是透過慈心夥伴們的觀察、對話、思考、想像、行動、反思等經年累月的疊代生成集體智慧，一方面護持慈心華德福教育的發展，一方面透過與社會的對話，持續耕耘台灣的教育土壤，漸漸形塑華德福的社會生態系統，呼籲台灣教育系統返回根本，並反思教育的目的與價值。

我認識純淑是在四一〇教育改革之時，當時台灣的天空漸漸開闊起來，艷陽下總是有著對未來憧憬的年輕人，為台灣的民主而呼喊，也為下一代的天賦自由採取社會行動。純淑就在那時候遇見了人智學教育，雨後天青散發著清新氣息，揉合了土地孕育萬物生機盎然的春意，讓人對世界充滿了好奇與嚮往，想一探教育的美好。慈心華德福學校的誕生看似偶然，其實是台灣社會內蘊的智慧珍寶，找到進入世界的形式。以人為核心、環境為社會場域，在深層的實踐對話中，開啟了教育價值和美感互通互融，主體互生的教育創生之道路。

慈心華德福孩子喜歡親暱地喊純淑「奶奶」，學校早期篳路藍縷，老師們遇到難題，意見不合時，「大姊」純淑亦扮演了化解衝突的橋樑。這些暱稱恰恰好映襯出慈心是一個相互扶持的大家庭，在純淑的引領與陪伴下，學校循序生成與土地相互適應後展現的盎然生命力，以集體共學與共創，參透人智學的教育哲理，並具體化為三元社會的實踐架構。教育不再受限於學校裡，而是擴及社會場域，涵攝過去、現在與未來的個人與學校的生命史。若無持續的反思與翻轉，學校化的社會有時反而限制了社會的創生或失去追求人類福祉的真誠旨趣。人智學中的教育、醫療和農業環境，讓學校跳脫過去制度與結構的牽絆，反而可以在選擇回到根本的同時，向未來學習。

純淑作為教育未來的引水人，和每位夥伴的相遇，皆可化為智慧種子，將個體的思維、行為、心態置於學校真實的實踐情境之中，甚至在面對主流體系和社會價值的衝擊下，仍可轉化為學習與成長的機會，進行內觀和外塑。每一個互為主體的相遇，不僅打開覺知空間，也讓每個個體在與自己的真實遇見當中，啟動自我發現和自我形塑的旅程。

這本書映襯一群人對教育未來的渴望，記錄著在成形中的個人成長軌跡，並於眾相的現實中體悟到從本我到「慈心」大我的實踐存在感與意義。

推薦序——

不平凡的教育拓荒者——張純淑創辦人

方新舟 誠致教育基金會創辦人

嚴長壽先生在二〇一二年底，邀請我及幾位夥伴去參觀慈心華德福高中。在那次參訪中，我第一次知道華德福教育，也認識慈心華德福高中的推手——張純淑創辦人。二〇一三年，嚴總裁接受純淑創辦人的邀請，接任慈心華德福基金會董事長，我也跟著他當了兩屆董事，前後服務六年。

我很榮幸能在純淑創辦人出版新書時，分享這六年來的學習心得。

純淑創辦人生長在重男輕女的家庭，從小就要做很多家事，承擔很多責任，卻無法得到應有的升學機會。在一九五〇年的時空環境，家境清寒的女孩很可能就從此放棄學習，提早就業然後結婚生子。但純淑不同，她聰慧過人，熱愛讀書，總能找到時間做功課，從小一到小六一直都是模範生。孔子說：「吾少也賤，故多能鄙事。」嚴厲的家教反而促成純淑比同年齡的孩子早熟，更打下堅毅的品格，讓她即使在五十歲創辦慈心華德福時一再受到打擊，始終不放棄為孩子的初心，溫暖堅定不斷突破，才有今天慈心華德福師生的榮耀。純淑給我上了一個很重要的人生課程：童年逆境經驗不完全是負面的。這對我後來在偏鄉辦學時，有很大的啟發作用。

我當慈心董事時，每年要去慈心好幾次。每次去，看到人與人的互動，無論是老師跟學生、學生間、老師間、或老師跟家長間，都非常溫馨動人。這種溫度跟廣度是我在參觀其他學校時很少感受到的。純淑在書中分享了很多例子，來說明環境跟關係的重要性，更重要的是其背後教育哲學（即施泰納博士的人智學）的影響。在疫情肆虐、烏俄戰爭、美中對抗、台海危機的動盪不安大環境下，華德福提供更溫暖的人本教育環境及方法，可以給公立學校很多寶貴參考。

我從純淑及慈心團隊學到最重要、影響誠致基金會最大的事，就是「公辦民營」。純淑在創立慈心華德福的過程中，為了讓弱勢家庭孩子也能享有華德福教育，參考許多國外資料，發現先進國家已經推動公辦民營制度，讓民間基金會來主導公立學校的經營。純淑本來是內向低調的人，但是為了孩子，她便主動積極去認識很多學者專家和民選首長。在一場又一場的相遇碰撞，她感動了當時的宜蘭縣長劉守成，以及莊和雄教育局長。在他們的支持下，宜蘭縣在二〇〇一年通過《宜蘭縣公辦民營辦法》，慈心華德福在二〇〇二年轉型為全國第一所公辦民營學校。在慈心的激勵下，其他縣市的實驗教育推動者持續不斷努力，經過漫長的十三年，終於在二〇一四年通過全國性的公辦民營辦法，即《委託私人辦理實驗教育條例》。

誠致基金會在二〇一二年推出均一教育平台後，為協助老師及學生使用數位學習，走訪了很多偏鄉學校，看到偏鄉小校的困境，也感受到偏鄉學生無法靠教育翻轉生命的無奈及茫然。我們一方面持續積極推動均一平台，另一方面也體會到，弱勢學生無法單單靠知識力翻身，需要其他的養分跟力量。我們很努力的找答案。因為我個人家庭教育關係，我一向認為品格教育是學生追求幸福生活的基石。在因緣際會下，辜懷箴女士及嚴先生介紹我認識美國最大公辦民營學校集團KIPP的共同創辦人麥克·芬柏格，他們的教育理念就是品格優先，並以「努力學習，友善待人」為校訓。《委託私人辦理條例》通過後，我們就參考KIPP的教育理念，積極籌辦公辦民營學校，在二〇一七年申請到三所偏鄉國小。現在總共有三所國小及三所國中，其中有兩所是原住民學校。

目前全台灣有十五所公辦民營學校。每一所學校的申請跟經營都有很多挑戰，（請參看《與孩子一同編織未來》（天下文化），這本書記錄誠致基金會的公辦民營經驗），但比起慈心團隊的經歷根本不足為道。萬事起頭難，慈心當公辦民營領頭羊，不意外的遇到很多疑難雜症，本書便分享他們如何用愛心及智慧妥善處理這些問題。比較意外的是，慈心辦學成效太好，每年都有數百位學生等著進慈心，校地不夠使用，多次求救於縣府及中央，不但無法改善，還惹了多方議論，一直到今天還得寄人籬下。在少子化、很多學校面臨被廢掉的危機時，經營良好的公辦民營學校竟然找不到校地，這實在是很大的矛盾。我很希望這本書的出版能讓教育官員及立法委員看到制度上的缺少，盡早立法改善公辦民營學校的經營環境。

證嚴法師說：「願有多大，力量就有多大！」純淑就是一個最好的例子。她像一位拓荒者，從鄉村出發，爬過一座又一座的教育大山，跟世界連結，屢次做出眾人驚訝歡喜的成果。她跟我同年，都到了要學習「不逾矩」的年紀。衷心祝福純淑及慈心夥伴們健康平安，感恩您們為孩子打造一個安心快樂學習的環境。希望慈心華德福能影響台灣，幫助每一個孩子「成為身心靈均衡健全發展的個體，成為一位真正自由的人」！

推薦序——

十二歲的立志，六十年不間斷的行動

陳雅慧 親子天下總編輯

讀完書稿近一個星期遲遲無法下筆，心裡有著同時站在局裡、局外，親近又疏遠的迷惑。

我先是一個局外的報導者，然後成為局內的家長。

十年前（二〇一二年），親子天下雜誌封面故事〈華德福教育 享受學習安心做自己〉，那篇報導我是主要負責的記者之一；隔年我們舉家搬到宜蘭，兩個孩子在華德福教育裡慢慢地熟成，一個從小學生到大學生、一個從幼兒到國中生。他們都有一群相交十年，好像兄弟姊妹一樣親近信任的好朋友，記得彼此童年的樣子，離開學校，還是能互相依靠。他們知道學校裡的學習是為生命和自己準備，不是為分數和升學，手繪的課本，記錄每一年樸拙的改變，是生命痕跡、是捨不得資源回收的勳章。他們從少年開始，有留白空間去面對迷惘，思考我是誰？國中和高中畢業都必須做自己的專題，什麼都可以、什麼都可能，也什麼都不會。他們知道專題是一段旅程，而作品是旅程的一個停頓。

這算是華德福教育的「效果」和「指標」嗎？對我而言是的，但對你呢？

從局內家長，再退回到教育新聞的報導和觀察媒體角色，慈心華德福教育在台灣的意義是什麼？純淑老師（學生口中的純淑奶奶）扮演什麼樣的角色？十二歲立志當老師，六十年來用行動辦學。沒有老師、自己辦師培；沒有法規、不間斷的跟政府議會學者溝通；沒有校舍、想辦法募款……。議員質詢時曾問她：「你是女巫嗎？沒有課本，是要教什麼？」曾經的「女巫」想法：「沒有課本的自主學習」，現在卻是新課綱下公立學校也正在學習的創新。

六十年後，純淑還是一個現場老師，她重回慈心幼兒園，和新一代的祖父母和父母們，在變化多端的世界裡陪伴孩子。純淑熱切要做的事情，還是有點像女巫一樣讓人有點聽不大懂。聽不懂，她就去做給大家看，用行動找路。每次看到純淑奶奶溫暖的眼光跟隨著小小孩飛舞，那雙眼睛就像是圓規永遠不動的尖角，支撐著轉啊轉的另外一隻腳。也因為有著不變的支撐，純淑老師在找路的過程中永遠不會迷路——「我的動力從哪裡來？從孩子來。」

好評推薦

張純淑創辦人是本人景仰的前輩，也是從事社會改革的典範。自從在四一〇教育改革運動認識她以來，她就是本人在教育改革路上最重要的指導者之一，也是吾家如親人般的長者。她不僅是教育改革的先行者，也是公辦民營實驗教育的領航人，更是兒童福利與權益的守護天使。她推動華德福教育的歷程與成就，更是追求教育夢土努力不懈的精采例證，非常值得關心教育的你我詳加閱讀與反思。

周志宏 銓敘部部長

從兩歲起攀爬在純淑奶奶編織的搖籃，華德福教育多元的課程和自由的學習空間，讓我能廣泛嘗試、培養自己的興趣與專業。看著這本書，我彷彿重新穿越慈心的走廊、唸著晨詩，置身於色彩繽紛的季節桌前，了解到純淑奶奶輕聲細語的溫柔，背後是跨越重重挑戰、堅毅地實踐教育作為文化社會運動的使命。

石恩亞 體育媒體《10N觀點》、華德福學子作者序——

旅程的開始

民國四十年，我出生在宜蘭很質樸的鄉下。我的父親是個木匠，母親在我的記憶中，則帶著幾分嚴厲的形象。我七歲就要做所有的家事，大家族裡有多少人要吃飯，我就得去菜園子裡摘菜，到河裡撈河蚌、抓魚，煮飯分量要剛剛好，不能多也不能少。所以從七歲開始，我就覺得我比同年齡的孩子早熟，長大以後，感覺好像比同學大了一輪。

我的母親期望我長大後招贅有個好丈夫，她並不希望我讀書，所以我常常趁著大人睡著之後，把小電燈泡拉到棉被裡面，躲在裡頭偷偷看書。這支電燈泡是當時全家唯一的電燈泡，上面牽著電線，哪邊需要電燈就拉到哪邊。我躲在棉被裡偷偷看了很多書，一直到了小四，把學校圖書館的書都看完了，我就跑去跟校長說：「學校都沒有書了。」校長卻跟我說：「有啊，很多。」我說：「沒有，真的都沒有了！」所以從小學五年級開始，我就自己去跟著外公看線裝的武俠小說。

立志

我從小就要種菜、抓蟲、施肥、澆水、洗米煮飯……，有做不完的家事，而且家事沒做完不可以寫功課，但是我還是可以把功課寫得很工整漂亮，整本作業簿一點折痕都沒有。從小一到小六，我一直都是模範生，每學期獲得的獎品大都是鉛筆等文具用品，足夠我爸爸當木匠所需要，和我姨媽家十個小孩子用。記得小時候每次媽媽將我的獎品文具送人時，我不敢言但嘟起嘴巴。媽媽就會說：「那些獎狀再幫你放好，長大結婚予你當嫁妝啦！」當時上初中要經過聯考，但學校有保送國中的名額，本來我有機會爭取到這個名額，可是媽媽跟老師說我不用讀書，老師便把這機會給了另一位同學。被保送的那位同學，他的爸爸是醫生，媽媽過年過節都會公然送禮物給老師，有時送西裝布，有時送蝦仁。面對失去保送升學的機會，我很氣、很氣！氣我媽媽不讓我讀書，也氣老師偏心！有一天，我從學校圍牆邊一路走到羅東鎮的南門港，把自己全身泡在水裡面。當時的南門港是好幾條河道的匯集處，經過的大人看到我泡在水裡很擔心，後來便有人把我從水裡抱了起來。滿腹委屈的我，當下立了兩個志願。我立志要當老師，而且一定要當媽媽。我討厭那個偏心的老師，所以我一定要當老師，當一個公平的老師。我立志要當媽媽，但我不要像我媽媽那樣兇，我要當我想當的那種媽媽。

後來幾經轉折，我終於有機會到台北師專特師科就讀。畢業之後，也如願地當上老師，並在當老師的期間去修了幼教的課程。但我在進到小學工作之後，卻遇到很多心裡不斷掙扎的小事，讓自己覺得不自在。

在小學教書的不自在經驗是，與同事之間平常可以成為很好的朋友，我們可以一起看電影、聊文學、一起讀書、跳土風舞，可是到了學生段考、期考的時候，因為班級之間的競爭，我們彼此是不說話的。學校各類比賽考試不只幫孩子排名次，也幫班級排名次，所以考試前最好不要走過這些好同事、好朋友的班級，不然就會被認為是去偷看他們在複習些什麼，朋友同事之間忽然有了一種諜對諜的敵意。

因為這種種心裡的掙扎，加上為兒子尋找幼兒園的過程中所遭遇到的種種衝擊，我離開了小學的工作，創辦了慈心托兒所（也就是現在的慈心華德福幼兒園）。

轉化

一九七七年慈心托兒所開辦的時候，當時其他幼兒園的班級人數經常高達五、六十人，我的第一個轉化工作，就是把一個班級的人數減少到三十人。我們學校的戶外環境也很吸引人，有一千五百多坪的幼兒專屬空間。我們還用全原木蓋了一個泰山屋，有六個面向，可以用來攀爬、探索……等多功能複合式的遊戲區，有很多有趣的玩法，都是一代一代的孩子玩出來的。也許是因為這些原因，慈心在沒有特別刻意招生的情況下，廣受家長的歡迎，人數最多的時候有將近四百個孩子。我還記得有位媽媽，她每天騎著一台摩托車，載著四個小孩到校門口，一個個放下來。還有家長們開著兩部車，把整個家族的小孩都送來這裡就讀。

慈心幼兒園創辦第二年就得了內政部的特優獎。後來陳定南先生當宜蘭縣長，也大力推薦慈心幼兒園。俞國華當行政院長的時候，要找空飄到中國大陸的樣板，也來我們幼兒園參觀過。這個鄉下幼兒園第一次來了這麼多大官，當年可說是引起了地方上的一陣轟動。

創辦幼兒園之後，我很認真在想的都是透過什麼教材教法，可以讓孩子快樂、願意學習、老師的專業真正被尊重、父母可以放心交託孩子給老師。慈心幼兒園曾經經歷了很多種教材教法，從改變傳統讀寫算的教學，到以戶外自然教學為主的生態教學都有。在台灣的角落教學還沒有流行之前，我們已經在戶外進行了各種角落教學，而且我們還真正地走到村落裡面去探查。記得有一次，我們帶孩子去到利澤簡的媽祖廟，孩子在參訪的時候，問了廟公好多問題，有個孩子甚至發現一個有趣的地方，他好奇地問廟公：「為什麼這個廟的門神是女的？」這讓我對孩子的觀察力感到很驚訝。那時候台灣已經有一些去國外學習幼教回來的教授，他們開始在談「開放教育」。有些教授到我們幼兒園參觀的時候，他們會說：「你這個就是開放教育啊！」

遇見

在辦幼兒園的過程中，雖然經歷過各種教材教法的實驗轉換，但我慢慢體悟到，要從孩子的需要去看老師的教材教法，老師教學要從情意出發，從環境中取材。我也感覺需要找到一個穩健的理論基礎來發展幼兒教育，接下來整整花了十八年的時間走遍台灣大街小巷，參訪各類學前教育機構，找尋適合的教材教法，直到後來，我遇見了華德福教育。

一九九〇年，距離我創辦慈心幼兒園的時間已經將近十多年了，我的心思那時還是放在尋找更好的教材教法。我多次跟著光佑出版社舉辦的活動出國考察，很幸運地，第一個參訪行程，就是在德國斯圖加特（Stuttgart）的幼兒園，它是全球最早發展出來的一所華德福學校（一～九年級）和幼兒園。在看過華德福教育之後，我才恍然大悟，「環境」與「人的關係」才是教育最重要的核心，我一直苦苦尋覓的「教材、教法」（雖然這些也很重要），必須在老師認同自己的天命志業，並放在發展良好的環境與關係之中才能發揮效果。帶著參訪過後滿心的悸動，我迫不及待地想把華德福教育帶回台灣。

那時台灣剛剛解嚴（一九八七年）不久，李登輝總統開始談論社區文化的重要，台灣民間的社會力量正等著被釋放出來。在教育上，有愈來愈多人期待從傳統教育的框架走出來，給孩子和家長更多元的教育選擇。這是華德福教育與台灣相遇的一個美好時刻。慈心可以說扣住了時代的脈動，因為華德福教育就是可參照實踐的多元教育理念中的一種，具理論基礎的教育模式。

慈心原本就強調從環境中取材、從情意中出發，我覺得這樣可以讓我們轉型為華德福教育時有一個很好的切入點，因為慈心幼兒園本身就位在宜蘭鄉下大自然環抱的地方，而我們在語言、自然、藝術上也奠定了不錯的基礎。這所幼兒園在轉型華德福學校之前已經被歸類為是開放的教育，我自己則把它叫做「讓孩子自在成長」的教育觀。我們的自在，終極就是自由、自在、有學習，在幼兒園的一天之中，教師與孩子有著自己的生活哲學，讓人成為一個自由的個人。我現在回顧起來，這些在地與孩子工作所產生的經驗都成為轉型華德福教育的養分。

慈心在轉型實踐華德福教育的過程中，從模仿學習國外的華德福教育開始，接下來就進入不斷反思的過程。我們不斷地對外分享華德福教育的理念，不斷地培養自己論述的能力。我們透過各種機會（演講、展覽、研討會），對外去告訴別人為什麼我們要這樣辦教育，華德福教育不是從國外抄來的一種教學模式，對內也透過教學備課及課程研發，融入在地人文與所屬的生態探索。

那時幾乎沒什麼人聽過華德福教育，到二〇〇二年，慈心成為台灣第一所公辦民營的華德福學校，甚至吸引了許多外地人特地把孩子送來宜蘭的慈心華德福就讀，會有這樣巨大的轉變，可以說是因為我們遇見了台灣社會轉變的契機，回應了社會企盼教育改革實踐的氛圍。在這一路轉型為華德福教育的過程中，慈心的老師經歷了很深刻的「剝殼之痛」，他們要勇敢地褪去一層層習以為常的思維觀點與教育方式，重新建立教與學的關係，以及師生、親師、家校、社群甚至與天地的關係。我在這漫長的學習和轉化旅程之中，屢屢遇到傷心挫折的打擊而不知所措，猶如走在高空的鋼索上，心驚膽戰，每一步都如履薄冰。

一九九四年參與四一〇教改運動的時候，我和幾位幼教改革的夥伴提出了在幼兒園不教寫字的主張，因為幼小孩子的小肌肉發展尚未成熟，需要更多的玩耍遊戲。慈心幼兒園也一向不教孩子寫字，可是等到孩子上小學一年級，就會感到非常挫敗。孩子們幾乎寫一個字就擦一個字，擦到練習本都破掉了！於是在每年小學入學的九月，我都會花很多時間去拜訪我們幼兒園孩子即將進入的小學，去跟那裡的老師溝通。我會跟這些老師說：

「我們的孩子還不會寫字，本子一擦就破，會討厭學寫字，我可以自己買紙質好一點的本子給他們嗎？」結果很多老師都覺得我在找麻煩，不願意配合。我感到很難過，覺得整個教育環境和制度並沒有善待孩子，我就一直想用自己可以安心的方式來做孩子的老師。

慈心幼兒園創辦於一九七七年，還記得在幼兒園創辦了大約二十年之後，面臨了一個很低潮的時期。那時我們正經歷著學校轉型華德福教育的剝殼之痛，很多家長認為孩子在我們學校裡整天都在玩，「要玩在家裡玩就好了！」當時的幼教環境開始在進入有大型玻璃纖維的遊樂設施和標榜電腦設備、朝向英語教學的風潮，而慈心反其道而行，學生人數一路下滑，從兩三百人掉到幾乎只剩下五十個人。

接著又經歷了一個讓我很難受的母親節活動。從兒童節到母親節，那時台灣各縣市每年在四、五月都會有一系列慶祝婦幼節的活動，會舉辦從幼兒園到高中的全縣運動會。那一次活動，我們也帶了慈心幼兒園的老師和孩子去參加。我們去到活動現場的時候，大會正播放著一首當時的流行音樂：「媽媽，媽媽，我要錢……」一聽到這個音樂，我就嚇呆了。我問：「這音樂是誰放的？」趕緊找到一位宜蘭幼兒園的園長，問她家有沒有更合適播放的音樂。她說有。我拜託她趕快去拿來給大會音控人員，請他們把這音樂趕快換掉。這件事已經讓我很難過了，沒想到，接著我看到大大小小的孩子們開始做大會操，幼小孩子都被化妝得很奇怪，滿頭大汗地拿著很多花俏的道具在跳舞，我覺得這真的太離譜了，很虐待小孩！

運動會結束，園遊會開始，所有的攤位都在叫賣著各種烤香腸、烤熱狗、琳瑯滿目的玩具攤……，整個園遊會就好像夜市攤販集中營一樣，而我們的攤位則在讓孩子用天然顏料畫撿來的各種不同形狀的石頭。我站在那裡，心突然揪起來……。我回頭跟我幼兒園的老師說：「我們收一收回去吧。」老師擔心：「時間還沒到。」我說：「你們可以收。有事我負責！」我那時候表面還很冷靜，但心裡面已經在憤怒了。回去的途中，我一路哭到家。辦活動那一天剛好是母親節，也剛好是我的生日。我的孩子、家人都在家裡等著幫我慶祝母親節和生日，我帶著哭腫的雙眼回來，把家裡的人都嚇到了。

在那個活動現場，我看到的是，大人都想要有很好的表現、很好的成績，可是大人想要的，卻不是孩子真正需要的，在我看來對孩子沒有任何益處。我很確定，比較恰當的做法是高中要有高中的運動會、國中要有國中的運動會。國中跟高中就已經差很多了，更何況是全縣從幼兒園到高中的孩子在炎熱的體育場上一起做大會操。我看到的整個活動，就是老師很認真地在表現自己。這次的經驗讓我決定，不管發生什麼事，我一定要改變這種辦活動式的教育形式！我相信如果我們能回應到孩子的需要，孩子就會有真正的學習動力。

實踐

好些年來，不斷地有人問我：「什麼是華德福教育？」有人要我在十個字以內做出詮釋，我當時不知道是哪裡來的靈感，我說：「我不用十個字，我只要用七個字——當代的教育藝術。」是教育與藝術讓慈心打造出一個異質的校園環境與具有文化的團隊，是各種深入於無形的誠摯之心，讓親師生能共同閱讀生命美學的啟迪，並堅定理念，學習務實地實踐理想。

從一九九六年慈心幼兒園轉型實踐華德福教育，到後來創辦小學、推動公辦民營，接著創辦國中、高中，並在二〇一五年成為台灣第一所由幼兒園做為起點、完整地開展出來的十二年一貫公辦民營實驗學校。二十多年來，我們走在一條修行的道路上，朝理想的教育圖像前進。華德福教育其實就是人的教育，它背後的理論基礎是「人智學」（Anthrosopophy）。人智學是一門有關人類跟萬物生命本質，以及意識演化歷史的發展論。人智學涵蓋了很多的層面，教育只是其中之一，它還包括了建築、醫療、藝術治療、農業、經濟、社會等浩瀚的學問。

創建人智學的施泰納（Rudolf Steiner）博士，在一九一九年以人智學為基礎，在德國斯圖加特籌辦了第一所華德福學校。他期許「要確保讓學校完全擁有自由的精神生活，所教導的內容應該依循成長者的認知與其個人的資質。」他強調：「我們不該問：『人需要學會什麼才能適應目前的社會？』而是應該要問：『存在於每個人內在的是什麼？在他的內在，有什麼是可以被發展出來的？』」唯有如此，才能陶養出一個完整的人、自由的人，並為時代注入新的活力。施泰納博士曾提出三元社會的理想，三元社會主張在政治上應保障人權的平等，在經濟上應發揮博愛精神去服務他人，在精神文化上必須是自由的。三元社會倡導政治、經濟、文化的彼此融合運作與尊重，其背後就是發揮自由、平等、博愛的精神，這也正是華德福教育的精神所在。

緣分

從一個十二歲就懵懵懂懂立志要當老師的鄉下小女孩，到歷經種種的摸索、挫敗、轉型與理想交織的實踐，現在我已經七十多歲了，成了全台灣最厚臉皮的老師，到現在還留在教育現場。

回溯我這一生，父母受的是日本教育，我上小學的時候，接受的是非常典型的黨國教育。後來我當了老師，歷經了台灣在短短幾年之間從戒嚴邁向解嚴，走向民主化的過程遇見的整個大環境都不斷地在劇烈變動，我感受到很多事情不是我希望它不要來，它就不會發生，或是我想要擁有就可以獲得的。但一直到現在，我覺得有些東西在我的生命中是不變的，那就是我跟孩子的緣分、我跟天地大自然的緣分。

我從小就跟孩子很親，家族裡面有幼小的孩子，搞不定、哭不停的，大人就會說：「交給純淑就好了。」好像再難搞的孩子我都可以搞定。我的弟弟小我十二歲，他滿月之後就睡在我旁邊，由我來照顧，我跟孩子的緣分就是這麼親、這麼有緣。

我曾經認為自己沒有童年，後來發現事實並不是這樣，因為與大自然為伴是我童年的糖蜜水。

記得辦學之後有一天晚上，我在做關於「節慶」主題的師培課程準備，我信手拈來，完全不費工夫，一下子就把二十四個節氣的圖畫出來，哪一個節氣可以種什麼、吃什麼、可以規劃什麼樣的節慶活動，在寂靜獨自一人的時刻，一下子就寫了滿滿一大張。我寫完之後，突然嚇到了！這些事我怎麼全部都記得？在那個夜晚，我對著蔚藍天空上的月亮，想起了養育我長大的母親，那是我第一次打從心底大聲喊出：「謝謝您！媽媽……。」因為她從小對我的嚴厲訓練，讓我對大自然有了這麼多的了解，也理解到原來和養育我的母親有著這麼深的緣分。

媽媽曾經說，我這個人不知道是什麼個性，從小「被打的時候不哭，可是沒事的時候，莫名其妙在一邊哭泣」。我有時候看雲，看著看著，就哭了。看風吹、看竹影搖動，看著看著又哭了。我的童年看似寂寞，但卻也可說精采無比。那時我家前面有小河，後面有大河，我都跟大自然玩在一起，小動物、小昆蟲、菜蟲、蜻蜓、蝴蝶、蝸牛、天牛……舉凡天上飛的、地上走的、水裡游的，所有在我眼前出現的，包含天空上的雲、夏季午後的西北雨，都是我的童年好友。天晴時，河邊的烏龜、鱉排隊成一排，牠們的脖子伸出來時，我常跟牠們「開講、訴苦、抱怨、說笑」，有時也會背後罵那些村落裡整天東家長西家短的三姑六婆。

我的內心經常與大自然對話，小時候不明白如此日常與大自然的對話遊戲，和想像自己遊玩於宇宙之間的戲碼，是多麼值得珍惜的事。

也許是這種種神奇的緣分，注定了我與華德福教育的相知相遇，華德福教育的童年階段注重培養幼小孩子懂得敬天畏地，懂得感謝與天地合一。

這本書所要描述的故事，正是慈心這幾十年來與華德福教育相知相遇，不斷地激發出光與熱的旅程。願這一篇篇故事都像一顆顆理想的種子，撒落在某處，悄悄地生根、發芽、成長、茁壯，終能開花結果，生生不息永續循環；也像一顆顆珍珠在大海中，貝殼裡沙子來鹽水去，不知道經過多少時間，磨呀磨地成為一顆顆亮麗光鮮的珍珠。在慈心團隊中的親師生，與人世間守護教育、支持慈心學校的大天使們，是一顆顆被串起的珍珠項鍊。我心長願——祝福所有參與其中的每一位有緣人，都能好好地被珍惜著、感恩著。

華德福教育與人智學[1]

華德福教育（Waldorf Education）的理念基礎為人智學（Anthroposophy）。人智學是由奧地利人魯道夫・施泰納博士（Dr. Rudolf Steiner，1861～1925）所提出的一套完整的「靈性科學」（Spiritual Science）。

施泰納是十九世紀末到二十世紀初，一位學養豐富、涉獵非常廣泛的哲學家、靈性科學家、社會改革者、建築師與教育家。他對古代基督神學、東方哲學，以及德國大文豪歌德（Johann Wolfgang Von Goethe）的科學研究方

1 資料來源：慈心華德福教育實驗高中學校網頁。「人智學教育基金會」網站。《辦學作為一種文化社會運動：慈心華德福社群建構與新公民意識的崛起》，張純淑著。

法與自然觀哲學都有深入的研究，再加上他個人親身的靈性體驗與對靈性世界的探索，提出了一套關於人類智慧，闡述萬物生命本質和宇宙演化歷史的學問，也就是人智學。

施泰納在一九一三年創立了人智學學會，並在歐洲各地不斷地演講推廣他的理念。在他去世前，總共發表了將近六千場演講，演講的對象包括了：老師、農夫、工人、企業家……。在人智學的基礎上，施泰納逐漸發展出華德福教育、生機互動農業、人智醫學、人智學建築、優律司美等領域的理論與實踐方法。

全世界第一所華德福學校建立於一九一九年，位於德國的斯圖加特。當時第一次世界大戰剛結束不久，百廢待舉，企業家艾米爾．莫爾特（Emil Molt）因為認同施泰納的理念，於是邀請施泰納為他在斯圖加特的「華德福－艾斯托里亞（Waldorf Astoria）」香菸工廠設立一所能實踐人智學的學校，提供給工廠的勞工弟子來就讀。這所學校的名字就叫做「華德福學校」（這也是華德福教育名稱的由來），它是全世界第一所以人智學為教育理念的學校，有些華德福學校亦稱為施泰納學校。

華德福教育背後的理論基礎雖然是人智學，然而，施泰納特別強調「華德福學校要教的不是人智學的教義，人智學並非我們的教學內容，但是，我們將致力於人智學的實踐與運用。我們要把人智學領域裡的收穫轉化用在實際的教學過程。」

人智學強調靈性的科學觀，認為應該將靈性的思維帶進教育中，而非獨重智性與物質層面的發展。因為如此，華德福教育重視身心靈的全面觀照（見圖1-1），希望讓孩子成為一個身心靈均衡健全發展的個體，並且成為一位真正自由的人。

施泰納在次頁提到關於華德福教育以及其教學法的演講中強調：「（所有的課程與教育，）應該努力讓孩子成為身體健康與強壯的人，成為心魂自由、靈性清明的人。」華德福教育的核心精神是：「在最適切的時機，也就是孩子天性上需要的時間點，提供他們最佳品質的教育，包括知識、環境與對待方式。」

另外，華德福教育重視藝術的鍛鍊。施泰納認為：「在美學的感知中，蘊藏著欲萌發其中的智性胚芽。」他又說：「教師的藝術感應力為學校賦予了靈魂。他將愉悅帶入孩子嚴肅的工作中，並將莊嚴帶入歡樂之中。運用理智我們只能了解自然，若要體驗自然則需要藝術的感受。」

在華德福教育中，藝術並非獨立的學科或單一的活動，而是貫穿於各個主題課程中的核心元素，也是滋養情感的重要媒介，它能讓所學深入身體與內在。華德福學校通常都有豐富的繪畫、音樂、戲劇、手工藝等藝術課程，而且所有學科如：自然、數學、地理、歷史等，都是統整教學，並盡量啟發孩子的美感體驗。

面對第一次世界大戰後亟需重建的社會秩序，施泰納提出了三元社會的理想。三元社會倡導在文化生活領域中享有精神的自由、在法律政治的生活中享有民主平等，以及在經濟生活中享有博愛的社會性互動，而且這三個領域應該並重並存，不應只著重在經濟或物質主義的層面。也因此，華德福學校的創建亦被賦予了實踐三元社會理想的使命，亦即發揮自由、平等、博愛的精神。

從一九一九年第一所華德福學校建立到現在（二〇二二年），華德福教育歷經了一百多年的發展，建立了包括幼兒園、小學、中學到高中的完整體系，有自己獨立的師資培育系統，在國外也有延伸到大學階段的華德福學院。到二〇二一年，已有一千多所華德福學校、近兩千家幼兒園、三百多所治療教育中心、六十多個師資培育機構分布在全球六十多個國家和地區，對當代醫療、農業、教育、經濟、音樂、藝術和藝術治療、建築、哲學、靈性科學等領域都帶來了重大的影響。

圖 1-1　華德福教育下，孩子生命成長的動力[2]

- 人經由「身體」來認識自己所屬的世界
- 經由「心靈」來建立自己的世界
- 經由「精神」達到更完美的世界
- 華德福教育特殊價值，就是促使每一個個體三元素之全面發展

2 資料來源：《三元社會的實踐》，《一釐米季刊》8: 6-13，2015，張純淑著。

從容起始
相遇　照見

慈心華德福學校創辦人　張純淑

太陽升起
相遇　照見於當下
相邀於未來之路
無論是分是合
是一體多面或是整體
協力辦學　相互提攜
團結合作　翻動乾草
吹皺一池春水
寂寞依舊難耐於意志的淬鍊
一簇花兒吸引多彩的蝴蝶

憬悟　察覺與
眾人之事乃相互交織
愛不是一種　獨自完成的行動
本質之靈
不斷召喚與回應
著眼於此時此刻相遇之緣
回到純粹之源
均衡的腳步　全新的接納
聆聽
照見教師的生命任務
於是
責無旁貸地　知道
這所學校肩負的特殊使命

我們必須有一種教育體系，
它不是依照規則來辦理的，
而是根據真正在眼前的孩子。
根據對人的理解，
從對人的理解發展出來認識孩子，
並且從孩子身上讀出，
我們每天、每週、每季、每年要做什麼。

——華德福教育創始人 魯道夫·施泰納

第一部

為孩子打造一塊
教育的夢土

馬賽小女孩的冒險

一九七七年，我辭掉小學老師的工作創辦了慈心托兒所，這可說是教育轉化工程大膽的第一步。那時大兒子三歲，在家待不住，需要上幼兒園。於是我到處探詢，卻發現每所幼兒園都在教小學課程，體罰也處處可見。我在幼兒園看到孩子被罰站在椅子上手舉高半蹲、幼兒園老師在教小學三年級的數學，感覺很不對勁，再加上一個關鍵經驗，促成了我辦學的決定。

那是我還在教小學的時候，有一所教會的幼兒園負責人打電話給我，說有位帶班的老師離職，問我暑假可不可以過去幫忙。我一口就答應了，當時心想：「我教過一年級，大班的孩子兩個月後就要上小一了，應該沒有問題。」可是我去代課時，發現這些大班的孩子都聽不懂我的話。譬如我說：「慢慢走，不要爭先恐後喔。」他們完全不理我，這讓我很驚訝。當時學校的班級人數都非常多，這個幼兒園大班有七十二個孩子，他們聽錄音帶唱一樣的歌、跳一樣的舞、做一樣的動作，這就是那時的唱遊課，連說故事時間都沒有。我在讀師專時最感興趣的就是兒童發展和兒童故事，在當時的教育現場真的感受到考驗。我第一次察覺，兒童發展必須受到重視。大班和小一雖然才差幾個月，但仍有差，學前教育不能夠成為小學的再版。這些經歷讓我思考：教育是不是應該要從幼兒園做起。

創辦慈心托兒所的時候，我一開始到處找教材教法，日思夜想到底該如何讓孩子快樂、父母放心，老師的專業受到尊重。為了辦幼兒園，我找了一塊地，也就是現在慈心幼兒園的所在。一九七八年，我先在這裡整好地、種下花草樹木，再建造硬體教室，把學校從跟父親借來的房子搬到這裡。那時我所做的轉化工作，第一個改變就是幼兒園改成三十個人一班，然後改變傳統的讀寫算教學。我們有很多課程是以大自然為主和生態觀察，並經常帶著孩子戶外體驗、學習。還記得有一次帶大班的孩子出去玩，孩子問種菜的阿嬤：「這是什麼？」阿嬤說：「是雞屎藤。」孩子本來開心地拿在手裡把玩果實，立刻嚇得把手放掉，因為是「雞屎」！那個反應很有意思。在辦幼兒園的時候體悟到，要從孩子的需要去看老師的教材教法，「從情意出發，在環境中取材」是與當年幼教老師建立起來的共識。

孩子帶著老師去探險

每次孩子戶外教學回來，我都會讓大班孩子分享他們看到什麼，感覺怎麼樣。我把他們講的話寫在黑板上，然後帶孩子讀。某次有個孩子堅持：「老師，第一句話應該放到最下面比較好聽。」我就把第一句話擦掉，寫到最下面，自己唸起來都覺得順好多。我很驚訝這孩子竟然會編輯！當下的感悟讓我轉身眼淚就掉下來了，感覺到：「是囡仔在教老師，不是老師在教囡仔。」這個女孩現在是公視的主播。她那時住在蘇澳馬賽後面的海邊，幼兒園畢業後就讀馬賽國小。那時馬賽國小的校長跟我認識，就告訴我：「你真會教！」因為這個小女孩上小學不久就去敲校長的門表達意見，一是說學校的工友對小朋友說話太大聲又太兇了；另一件則是學校的鐘聲太吵。我發現孩子是有勇氣並理直氣和地去反映她的需要和感受的。

我記得這個小女孩要上一年級之前的暑假，有一天向媽媽說：「我明天要去冒險喔！」媽媽問她：「要冒什麼險？」她說：「我要去做我的第一次冒險。」媽媽嚇壞了，打電話給我。因為她要冒險的那天是星期天，我就請媽媽問她：「可不可以邀老師跟她去？」去到她家的時候，她還在樓上玩。我看到她的東西全準備好放在茶几上，有帽子、水壺、筆記本、一枝筆，還向媽媽借了照相機。小女孩下來之後，就帶著我去冒險。一路上，她開始拍照，拍鳥、樹、野花、昆蟲等，然後走了很長的路到她外婆家。原來，她的第一次冒險，就是：「我要一個人去外婆家。」

我很驚訝於她的準備工作，我若有傳人，應該是她，因為她學會了準備的工作。我們在慈心幼兒園，每次去戶外教學都會做足準備，我發現孩子都有聽進去。老師有沒有走進孩子的心裡才是教育的關鍵，而不是要孩子走進老師的心裡。如果老師在上，孩子在下，師生關係只在一直線上，你想走進孩子的心裡，很多時候會被擋起來。我跟孩子講話時會蹲下，眼神平視，眼神交會的那一刻就是我們的相遇。這不用什麼教材教法，也不需要大學問。我在辦幼兒園的過程中了解，需要穩健的理論基礎做為辦學依據，但是我一路都是在實踐中體悟、在體悟中感受關係，因而看見老師的改變。孩子好像都走在老師的面前說：「跟我來！」在華德福教育中的成人，尤其是教師和父母，都要成為孩子的典範。這是因為零到七歲換牙前小小孩的成長都是經由模仿而來。學習華德福教育，總是一而再地在體悟中接受兩極對立，以及表象與背後的複雜性關係。

蠶寶寶與品格教育

我從辦學開始，心中便應允了孩子：「要不斷地為孩子找尋更多可以信任的大人。」如果孩子信任你，你不必說很多大道理去教導品格，你在孩子眼前的樣子，就具足對孩子的影響力。

慈心幼兒園的孩子很會玩，知道哪裡有個洞可以玩躲貓貓，樹籬上的藤仔花可以拿來掛在耳朵上當耳環，撿了葉子會拿來當樂器吹，知道不同的葉子可以帶回來做拓印，什麼花草可以吃。我在教幼兒園的時候，常常會去中興紙廠買很大的捲紙，把整張紙拉開來，孩子撿到的石頭，果實、葉子、花朵，都可以黏在上面，或染了色來拓印。我們會彩繪石頭，夏天還會用水管畫圖，孩子一邊畫一邊說：「水會跳芭蕾舞耶！我也要跳芭蕾舞！」也會聽到孩子很認真地對大人說：「我們的大樹會下葉子雨喔！」、「我們的公雞和母雞生了兩隻烏龜，是真的！」

他們每一隻的血都是綠色的！

有一次，我發現教室內出現了奇怪的事情，教室裡養的蠶寶寶每天都被捏扁捏死兩三隻，可是都問不出來是誰捏的。一個星期之後，我寫了很多光明與黑暗的故事讀給孩子聽，但是捏死蠶寶寶的兇手還是沒有出現。於是我就先想好，早上孩子進來的時候我要坐在哪個位置，讓我可以環視到教室的每個角落。那時我收集了很多小磁磚準備給孩子作畫，我就坐在那個位置整理這些小磁磚，讓孩子看到老師在忙。不久，個子小小、皮膚白白，很調皮的中班小男孩阿志（化名）走進來。他背對著我，把放蠶寶寶的簍子拿下來，沒多久又放上去。我沒有馬上起來，照常進行課程，然後，我再去看看那簍子。我觀察了兩天，確定是他了！到了第三天，我就跟他說：「走吧，我們現在出去散散步。」我牽著他的手走到樹下，然後我直接問他：「你為什麼要把蠶寶寶捏死？」他亮著眼睛跟我說：「你知道嗎，他們每一隻的血都是綠色的！」他捏死蠶寶寶是要確認每一隻蠶寶寶的血是不是都是綠色的。他很興奮地直接回答我，毫無慚愧之意，理直氣壯的。

通常我們遇到這種狀況，會用道德觀去跟孩子說教。我一開始的做法也是這樣，在班上說了很多光明跟黑暗的故事，結果他根本沒接收到。從兒童發展的歷程來看，孩子在四、五歲的時候，道德的觀念還沒有建立起來，聽到阿志回答我的那一刻，又重新讓我意識到了解兒童發展的重要性。所以我跟他說：「對，每一隻蠶寶寶的血都是綠色的，我跟你保證，所以你不可以再把牠們捏死了。」我跟他說這一句話的時候，感覺到他立刻聽了進去。他後來就沒有再去捏蠶寶寶了，長大之後，他成為了一名護理師。

像阿志這樣對大自然充滿好奇的孩子在慈心還有很多。有個叫澤亞（化名）的孩子，他專門愛翻開地上石頭，想要看看石頭下面有沒有什麼。結果有一次抓了一隻小蛇，還跑來跟我們說：「好大一隻蚯蚓！」我們一看，蛇的頭是三角形的，可能有毒，嚇得叫他趕快放掉。之後，接續一整個月的學習是「蛇」，我再度理解到孩子們的發現是學習樂趣的源頭。

另外一個孩子，對昆蟲非常有興趣，我常看到他蹲在草叢裡蹲很久，不知道他在做什麼，只看到他嘴巴一直在講話，我慢慢靠近他，聽到他說：「再過來一點……再過來一點……，等一下我帶你進教室吃冰淇淋。」然後我聽到「啪～～」的一聲，他把草叢裡的蟋蟀一把抓了起來，馬上裝進口袋裡。我於是告訴他：「你可以跟牠玩一玩，但是你要放牠走。牠會要找媽咪。」結果晚上老師接到這個孩子的阿嬤打來的電話，問他今天在學校有沒有怎麼樣？阿嬤說他回到家就說他肚子痛，兩隻手一直抱著肚子。原來他把蟋蟀帶回去，不吃飯、不洗澡，整個晚上就護著他口袋裡的好幾隻蟋蟀，窩著睡覺跟他阿嬤拗個不停。第二天他又把蟋蟀帶來學校。老師就問他：「你怎麼了？昨天肚子痛嗎？」他說：「沒有啊！」「那為什麼阿嬤說你肚子痛呢？」於是，他把蟋蟀從口袋裡拿出來給老師看，他對老師是可以誠實的。

孩子的把戲很多，很會玩，你會看到很甜美的情境，但是當這些事情發生的時候，也牽涉到道德、健康、安全等問題，我們幾位老師經常會針對這些行為一起開會討論，想辦法讓孩子的好奇心獲得滿足，有時我們會請老師寫一些關於動物的故事，故事裡面就會談到保護自己、保護動物、尊重生命的觀念。我後來學習華德福教育，更確定了幼兒園的經驗跟未來的發展很有關係。小學三年級以前，我們會用故事來教育和探索很多議題，四年級到國中階段就是讓他們自己去發現、發展出是非善惡的觀念，到了高中就是求真，透過實驗來印證，這時候他們就會回想起幼兒園的經驗了。

我後來跟阿志把那些被捏死的蠶寶寶放在紙盒子裡，全班一起將牠們埋葬。這時候也看到孩子的家庭信仰，家裡有拜拜的孩子，會找樹枝向牠們拜拜。家裡信基督教的孩子，會手插著腰說：「我信基督教，我不能拜。」在這過程中，我們也觸及到尊重、道德的議題。我會跟孩子說故事，告訴他們有的宗教會祭拜，有的宗教不能祭拜，但還是可以為牠們祝福。然後，信基督教的孩子就會說：「那我也祝福你們未來會有好的日子喔！你們要變成漂亮的蝴蝶飛走喔！」

什麼是優律司美？[3]

優律司美（Eurythmy）是施泰納所發展出來的一種空間運動藝術。它將聽覺上的音樂性，轉化為肢體的語彙。我們可以稱優律司美是「看得見的語言」，或「看得見的歌曲」。施泰納認為跳優律司美的時候，人必須把他的身體當作樂器來使用，因為人由於靈性的力量，本身就被建構成一種很好的樂器。

一九一九年第一所華德福學校成立時，優律司美已是課程中的一門。它是在人智學理念下發展出的身體律動藝術。施泰納了解到人除了物質身之外，還有其他層次的存在，他指出人類共有四個存在層次：物質身、以太身、星辰

3 資料來源：丁力蘭，慈心華德福高中優律司美老師

身和自我。人類在初生時，物質體誕生，其他三個存在體初生之後漸漸地成長，並與物質體整合，整個整合成長的程序大約在二十一歲完成。對兒童發展的了解也是優律司美課程的原則，針對不同階段的兒童發展，運用不同的課程安排。

現代成長的孩子在空間中移動的經驗已是大量乘坐車子。孩子很小就被車子載著，外在世界快速地通過他們的身體感官。家庭工作由洗衣機、洗碗機、煮飯機、打掃機器等代勞，都市形態取代農業社會生活，孩子與生活的環境連結關係變弱，缺少大量身體勞動的機會。多數小家庭的生活，子女數目少，且獨生子女的比例也增高，孩子從小習慣成為家庭的中心。手機電腦的普及化，使網路世界取代了真實世界的經驗。孩子成長歷程，如何感受覺察自己的身體？如何透過身體感官去經驗了解世界？如何發展人我關係？教育優律司美作為身體藝術，在愈來愈物質化的時代，對孩子的發展更顯得重要，但同時也面對嚴厲的衝突與挑戰。

優律司美可以協助孩子平衡發展思考、情感和意志力；深化語言和音樂的關係，發展對美學藝術的感覺。從建立對自己的覺知，有意識的傾聽和誠實遵從的能力，喚起自己的尊嚴，發展一個健康的社會意識。

遇見
華德福教育

如果天、地、人之間的關係不復存在，你有再多的知識、再好的教學教法，其實都達不到效果。在創辦慈心幼兒園後的十多年之間，我一直在教材教法上打轉，我為了尋找教材教法，繞遍了台灣的大街小巷，從國內找到國外，直到遇見華德福教育，看到很多完全不同的教學場景和校園氛圍，我才領悟到，「環境」與「人」的關係，才是教育最重要的核心。

一九九〇年，我參加了出版社舉辦的海外研修課程，很幸運地，去到國外第一個參訪的學校就是德國斯圖加特的一所幼兒園，它是全球最早的華德福幼兒園。當時我並不知道這間學校的歷史背景，去之前我也不知道什麼是華德福教育。

在華德福學校裡，你會看到處處都是美美的東西。帶孩子散步，也是將孩子帶到真正的大自然裡頭，在有天有地的環境裡面遊戲／工作。你會發現華德福教育是建立在環境，也就是整個學校的美育之上。在那次參訪行程中，第一個感動我的場景，是看到幼兒園的老師蹲下來抱著孩子，跟孩子道早安，然後邀請他們進教室。還有幾個場景也深深植入我的心坎裡，這個幼兒園的老師會用人偶演出的方式來跟孩子講故事。故事裡的人物，都是老師用手工縫製的藝術創作。老師在用人偶演說故事的時候，孩子都看到入神。

而在自由遊戲時間，教室裡的所有空間都可以任孩子自由自在地玩耍，老師不會去干涉打斷。到了中午，孩子吃過午餐，老師輕輕地唱著歌，孩子則自己去拿睡墊、棉被，然後安靜地躺下來睡覺。老師並沒有下指令說：「我們現在要睡覺了，大家請安靜！」在孩子安靜睡著之後，老師開始準備烤麵包。麵糰輕輕地揉、輕輕地捏。四十分鐘之後，麵包烤好了，孩子在剛出爐的麵包香氣中醒來。孩子吃完點心，自己收碗盤、自己清洗……。這整個場景，現在想起來都好像是個夢境，是很美的畫面。我那時候心想：「以後如果我可以當這樣的老師多好！不用大聲說話，還可以這樣子跟孩子講故事，讓孩子這麼自在開心。回到台灣，我期待可以辦一所這樣的學校！」

健康社群的種子

在那之後，我頻繁地出國，除了去看德國的華德福學校，只要有華德福教育的國家，我幾乎都去參訪過，包括：澳洲、荷蘭、美國、英國、日本、香港、義大利、比利時……。我參加了很多短期課程，像遊學一樣到處學習，待最久的就是在德國斯圖加特，從華德福的幼兒園看到中小學，也看了不同領域的課程，包括藝術課程、農耕課程，還有他們的成人教育，以及師資的培育。我到每個國家所看到的華德福教育，都會談到兒童發展的需求跟課程架構、教學發展的關係。因此，我也接觸到華德福教育的哲學基礎，也就是「人智學」。

華德福教育的小學課程、藝術學習、體能學習，甚至在國中七年級的機械課程，以及很多實驗的課程都讓我眼睛一亮。而很特別的是，我們每次參訪要離開的時候，他們當地的華德福社群都會出來歡送，整個社群的孩子、大人、老人，都會出來唱歌、跳舞、演奏樂器。沒有人放錄音帶，全部都是現場演奏。後來我們回去拜訪的時候，也會教他們寫毛筆字、剪紙。這種文化的交流，一次比一次讓我印象深刻。我所看到的，不只是華德福學校的教育，我所看到的，根本就是一個小型的社會，而學校就是孕育出這些健康社群的種子。

我在與華德福教育初相遇的那幾年，也剛好是台灣從戒嚴邁向解嚴的價值觀階段，台灣正經歷著民主化的過程，社會處於一個劇烈變動而混亂的狀態，大家對於「什麼是文化、什麼是權力」常常搞不清楚，所以爭戰不休。我在參訪華德福教育的過程中，感受到那些歐美國家已經走過了民主化的過程，庶民已經具備了一些文化和藝術素養的底蘊，但當時台灣一般百姓的生活裡面，文化是匱乏的，談到文化，好像都是藝術家才能做的事情。我在吸收了華德福教育的這些新觀念、新知識之後，意識到我自己是一個老師，也是一個辦學者；我是一個媽媽，是一個女人，也是一個「人」。我有一些小小的場域，可以在自身的環境中慢慢地去鬆土，去做這些文化底蘊的培養。於是，慈心幼兒園在我和老師的一步步探索、調整中，轉型成為華德福學校。

人智學的七年發展論 [4]

人智學將人的一生分成九個階段，每一階段為七年。教育上最重要的前三個階段分別為：出生到換牙期（〇～七歲）、換牙到青春期（七～十四歲）、青春期到成年期（十四～二十一歲）。每一個階段都有不同的成長需求和相對應的學習方式（詳見下頁圖）。

4 資料來源：慈心華德福高中辦學計畫書（2020）

身體的成熟	**0～7 歲兒童具有人類與生俱來的模仿能力。** 這個階段的孩子是發展身體（Body）與意志力（Willing）的時期，經由對大人言行舉止的模仿，並在父母所提供溫暖、安全、自然美好的環境和規律生活中，讓孩子的身體得以健康地成長，建立起探索世界的基礎能力。此階段需要成熟又充滿喜感的老師。

情感的 成熟	**7～14 歲強調心靈（Soul）、情感（Feeling）與創造性的想像空間。** 這個階段的孩子需要一個足以產生長久信賴與敬仰的權威，藉由藝術化的教學，引發孩子學習的內在需求，使孩子具備自信、興趣和對生命安全感的滿足。在這樣的心理基礎下，孩子能在相互幫助的動手學習過程中，培養同情、容忍、合作與對社會的情感與愛。此階段需要情緒平穩、具有自然權威的全能老師。

精神的
成熟

14～21歲（青少年期）的重點在於
精神（Spirit）與思想（Thinking）的啟發。

人的青少年時期是生命力活躍、情感充沛的反叛年代，是個人判斷力和獨立思考意識發展的時刻，老師透過類似朋友的良好師生互動方式，引發青少年對世界與人類生活更進一步的興趣和探索。此時專業而成熟的老師能帶領、引導孩子邁向人類知識與精神的成熟發展。此階段需要充滿生命活力和熱誠的老師。

剝殼之痛

我一生用了很大的力氣在做轉化的工作，因為不管是新的觀點或新的做法，都要注入到工作、生活或教改場域當中；我期待的改革不是用辯證或不停示威抗議的方式，因為教育不是這麼一回事。我想要做的，是讓大家真正地在理解之後實踐各自的領悟，再進入團隊的討論與分享。

自從一九九〇年在德國研習期間遇見華德福教育之後，我就一直渴望將華德福教育帶回台灣。但回到台灣，卻沒有什麼人可以分享，我只能跟我幼兒園裡的老師嘗試各種模式的教學教法。那時幼兒園老師在背後都叫我「善變的女人」，要不然就是「那個不食人間煙火的女人」。所以，我跟老師分享也有一點障礙。我都先個別地分享華德福教育，分享之後，我就問：「有沒有老師要一起讀書，一起來做？」大家都笑一笑，就離開了。所以，我當時只邀了一位助理老師跟我隨班教學，每天下午四點孩子放學後，我會開放我的教室給所有的老師進來看看，然後跟有興趣了解華德福教育的老師談談我在教室裡的改變，分享我怎麼跟孩子講故事，以及時間的節奏怎麼安排。

我也會跟老師分享華德福教育的相關書籍，像是《幼兒的工作與遊戲》（光佑文化）。後來有教授形容我這種做法是「根莖式的推展」，是從各個面向來發動，一直循環，不只是從上往下，也不會一遇到困難就停下來。就這樣經過了一年，我就問：「有沒有人要做？有沒有人要改變？」結果有一半的老師表示願意來做，另一半的老師則說：「既然要做，就大家全部一起做。」

阿嬤的見證

慈心幼兒園在轉型華德福教育的過程中，原來有三百多名孩子，然後人數一年比一年少，因為家長覺得如果孩子來學校都只是在玩，那在家裡玩就好了。有位阿嬤就一直怪罪媳婦怎麼把她的孫子小凱（化名）送來這裡，因為她女兒的孩子在台中，跟小凱一樣都在讀幼兒園，他回來家裡都會唱歌表演給阿公、阿嬤看，還會說英語。可是讀華德福學校的小凱，都自己靜靜地玩。阿嬤覺得很納悶，跑來我們教室看，她甚至還進到教室裡，直接告訴正在玩的孩子：「這個要這樣放啦！」「東西不要亂丟啦！」我很委婉地跟她解釋，為什麼我們不去打擾孩子的遊戲時間，但阿嬤還是很不高興，講了很多負面的話。直到有一次，他們家不知道發生了什麼事，阿嬤來學校帶小凱，身邊同時也帶著女兒的孩子，他們三個人準備一路坐火車去台中。小凱要離開學校的時候，問老師說：「這個可以借給我嗎？」

然後，他抓了兩顆貝殼，拿了兩條染過的小布巾，就離開了。

阿嬤帶著這兩個孩子上了火車之後，女兒的孩子就一直跑來跑去，只要火車上的服務員推著賣餐點的推車過來，就吵著要吃東西。阿嬤完全搞不定他，結果是小凱把這個孩子搞定了。小凱跟他的表弟說：「我講故事給你聽。」阿嬤後來跟我們描述那個場景，小凱坐著、張開兩腳讓貝殼在兩大腿上滑動，一邊表演一邊唱歌：「倫敦鐵橋要垮下來、垮下來……」然後用那兩顆貝殼跟兩條手巾，故事一個又一個說不停。回來之後，阿嬤一直跟我說：「謝謝！謝謝！這囡仔實在很不一樣。」小凱就是在我們幼兒園轉型華德福教育之後來就讀的孩子，他每天聽老師講故事，聽得很滿足。

幼秀的硬氣

在學校轉型為華德福教育的過程中，真正會感到一層一層「剝殼」之痛的是老師。例如：華德福用的都是大自然的素材，包括唱歌。早期的唱遊課，都是用錄音帶。但在華德福教育裡，幼小階段的老師，也要像媽媽一樣，跟孩子有生命能量的流動，所以講故事、唱歌，都要由老師自己來講、自己來唱。我們就開始練習唱歌，做很多準備，直到有一天，我們決定，既然要全面採用華德福教育，我們可以把教室裡的錄音機送給學校附近三年級以上的校友。

我們把錄音機全部都送出去那天，大家都很開心，來拿的孩子也很高興。但是傍晚的時候，我看到一位老師趴在我的工作桌上，她頭抬起來的時候，話還沒講，一大顆眼淚就掉了下來！我嚇了一跳，問她：「怎麼了？」她說：「你難道不知道我五音不全嗎？錄音機一定要全部送走嗎？」她一講完，轉身就出去了。

後來這位老師直到結婚生子之後，給了我一張感謝卡片，她很感謝在慈心這段期間的鍛鍊，因為我們的決定，她才知道自己會唱歌。她從那時開始，每天一來到學校，一邊洗杯子、洗毛巾的時候，都一直練習唱歌。而這位老師也奠定了我們學校在每天早上進入工作前，會有一個「晨頌時間」的慣例。老師會在上課前，提早十分鐘聚會，大家一起唱首歌，或朗誦一首詩，彼此祝福有一個愉快的工作天。這是我們轉型初期奠定下來的作息，一直傳承到現在。如果我們接受當老師是我們的生命任務，我們就會相信，我們不是自己一個人在做事，是上有天，下有地，夥伴在周邊。

「剝殼」需要用自己的力量，老師要脫胎換骨，不是依賴教材教法，而是去發展自己工作與生命的關係，發展老師跟孩子的關係，發展出教與學的關係。也因此，我會談到「幼秀的硬氣」，老師如果想要感受到教與學的關係，感受到他跟學生的關係，都需要在心腸柔軟下來的時候，才能品味得到。所謂「幼秀的硬氣」，就是老師要有顆柔細的心，同時帶著堅定的使命去做，你才會看到教育的本質，你才會去應用。做為孩子的老師，這顆柔細的心一定要自己守護好，不是教材教法把你教會的，你要守護好自己這顆柔細的心，你才能守護孩子，讓他們自在成長，做為父母的人亦同。教育不是單從答案和要求出發，也不是從目的和計畫開始，而是從情意出發，在環境中取材，作成在每一個當下的回應。

華德福幼兒教育的特色 5

典型的華德福幼兒園教室，是一個既美麗又令人欣喜的地方。上過蠟的木質地板閃著亮光，部分鋪上厚實的羊毛地毯。桃粉色的牆壁滿蘊光芒，包裹著空間也帶來舒適感，窗戶上懸掛的窗簾是更深一些的桃色。窗台上擺放著毬果、各色彩石、水晶、貝殼，還有植物。在教室的某個角落設有一張季節桌，其上垂掛著彩色絲布，擺飾當下季節大自然所給予的各種寶物。

天花板懸掛著羊毛天使、仙子童話裡的角色玩偶，這些都是未經搓捻的羊毛所製。房間的照明光源來自透過窗戶和天窗撒入的自然光，再輔以地上的座燈，燈罩上覆蓋著有色絲布。點心時間，小桌子上擺設乾淨的桌巾、鮮花、彩色布餐巾，以及剛烤好出爐的麵包。不只一位家長有過如此的經驗——只要踏進華德福幼兒園，從此便對華德福教育傾心不已。

華德福幼兒園每日的生活特色在於想像的扮演遊戲、各種遊戲以及肢體活動。每一天，在老師的引導下，孩子們做著晨圈遊戲。晨圈遊戲包含左右腳交替跳躍、拍手、單腳跳、雙腳跳，還有唱歌。房間裡環放許多大籃子，裝有木頭積木塊、切鋸下來的圓木樁、尺寸不一的多色布料、簡單的布娃娃、原木玩具，還有小孩尺寸的各式鍋碗瓢盆。孩子們每天都有自由遊戲的時間，他們會使用這些簡單的道具來創造故事，編造想像的歷險故事，並且進行各種遊戲。同時也有每日的故事時間，這時孩子們會圍坐成一個大圈，中央點燃了一根蠟燭，老師從心裡——不是直接從書上閱讀——對孩子們說著一個仙子童話故事、民間故事，或者演一齣簡單的偶劇。

5 資料來源：《華德福教育：頭腦、心靈、與雙手的培育》，Ronald E.Koetzsch 著，李靜宜譯。

華德福幼教老師每天會撥出時間做一些基本的家事雜務，像是烤麵包或餅乾、煮一鍋湯、照料室內的植物、在學校花園工作、擺設季節桌、織一個娃娃，或插一盆裝飾用鮮花。孩子們自由地看著老師工作，或者幫忙一起做事，或者模仿老師正在忙的事情。例如，當老師在掃地時，有些孩子可能就會拿著自己的小掃帚和小畚箕也一起忙了起來。不論是做著事，或說著話，老師尋求讓自己保有平衡、優雅、溫暖、寧靜，還有熱忱。華德福幼教老師並不嘗試教導孩子們讀與寫，不做算術題，也不接觸電腦。

華德福幼兒園之所有能有如此特殊的特色，是依循魯道夫．施泰納對兒童天性的理解，根據其洞見成就。施泰納主張，幼小的孩童對這世界完全敞開，他／她會吸收身邊的物質環境並深受其所影響。因為如此，教師們以極大的心力創造幼兒園教室，讓它成為一個美麗且具保護性的環境。

孩童是天生的模仿者，他們模仿他人，特別是成人的言行、舉止及感受。稚齡的孩子深深為大人的行為、話語，甚至其心魂狀態所影響。也因此，華德福幼教老師致力於讓自己在孩子面前是溫暖、有愛心、和諧的個人。

施泰納觀察到，孩子在七歲之前基本上可說是意志與行動的個體。故以各種遊戲、律動來喚醒發展身體統合的活動，對健康的發展極為重要。孩子同時也是想像力與玩樂的個體；提到玩耍，施泰納的說法，是「幼兒的工作」。事實上，孩子在自由遊戲裡所涉及的自發性想像練習，對於日後在智能思考上的發展是不可或缺的。稚齡的孩子仍然活在想像的仙境國度裡，他們應該要能在這個「孩子的王國」裡盡情享受，擁有全然的體驗。

華德福幼兒園裡的孩子並不直接學習讀寫，然而他們的各項活動都為日後的讀寫學習做準備。包括眼睛和雙手的協調能力，能以眼睛追蹤、分辨不同形體、了解事件前後關係、故事情節發展，並整合視覺和聽覺的經驗。

五個孩子，
七位老師

慈心幼兒園在轉型為華德福學校之後，很多公立學校的老師把孩子送到我們幼兒園就讀。羅東高中當時有位地科老師，經常鼓勵同事把孩子送來慈心，原因是：「第一，家長不用買故事書。第二，孩子會說故事給你聽。第三，孩子很會自己玩，也會與別人一起玩遊戲。」

華德福教育逐漸得到家長的認同，也激發了我們籌辦慈心華德福小學的意圖。我現在想起那天促成我們創辦小學的會議，還真的很特別。

那一天，我們召集了大班的家長來談華德福教育。有幾位家長提出：「如果這個教育這麼好，我們有沒有可能來辦小學？」當時，有一位爸爸，他突然站起來，倚靠到門邊。我泡好茶起身抬頭，看到他紅著眼眶，含著淚水。因為他靠著門，我很緊張地問他：「是不是舒服嗎？」然後他說了一句我到現在都還忘不了的話。他說：「這個教育一定要讓它延續下去！我們家代代單傳，傳到我的孩子，現在來到這個學校，竟然有了這麼多兄弟姐妹。家長跟家長之間的情誼也像兄弟姐妹聚在一起。」家長之間也有著同儕情誼，之後在每年的畢業典禮都會有家長來跟我說：「孩子畢業了，我們可不可以不要畢業？」

在這個會議裡面，還有另一個孩子的家長，爸爸是醫生，媽媽是一路從北一女、台大畢業的菁英，他們則提出了另一個問題：「如果我們要辦小學的話，那你可不可以保證，我的孩子將來可以進建中、進台大？」這是一針見血，很刺激的問題。當下我也不知道是哪裡來的勇氣，我就回答說：「如果你孩子長大之後，進建中、進台大是出於他的意願，那麼我保證，他可以進去。但是如果這是來自於你們的期待或要求，我就不認為會有機會。」還有家長問到：「我們是要用公立的，還是私立的方式辦小學？」我當時想：「我們怎麼可能辦公立的啊？」也許可以朝公立學校裡像辦美術班、體育班那樣，看看有沒有可能開一個華德福教育實驗班。那一天，我們討論到晚上十二點多，最後我做出了一個結論：「辦小學需要很多的準備，明年立刻辦小學是不可能的。」

結果幾小時之後，一大清早，一對夫妻紅著眼睛急著來找我，因為他們整晚都沒睡。他們在會議回去之後，繼續抱著棉被討論，最後決定要來跟我講：「如果明年辦不成小學，那我的孩子大班再讀一遍。」這下子換成我整夜睡不著。做為一個辦學者，我怎麼可以讓孩子再等一年！孩子每天都長給你看。

愛不是一個人的行動

後來共有五個孩子決定留下來讀小學，我們就在慈心幼兒園展開了非學校型態的華德福小學實驗教育。那時學費一年要繳四萬元，其中有一個孩子因困難沒有繳費。四個孩子共繳十六萬元，我們就這樣辦起實驗小學。

雖然當時只有五個孩子在小學，但是有七位全職老師，夜以繼日地專注投入。老師從哪裡來？這就跟我之前做的很多鋪陳工作有關。一九九四年，台大教授黃武雄推動四一〇教改運動，希望落實多元教育，我就問黃老師：「怎麼沒有學前教育？」他說：「我不懂啊！」我說：「那我來做喔。」所以在四一〇教改運動的時候，我和北部幾位幼教的夥伴負責了幼教改革的部分。這是教育改革實踐真正走出來的第一步。從那時候開始，我們促使教育部落實發放教育券（大班補助五千元），讓家長的負擔比較輕。我們對學前教育的改革主張，其中之一就是希望保有生活教育的部分，幼兒園不可以是小學的再版教育。我們也曾提出在幼兒園不教寫字，因為孩子的小肌肉發展還不成熟，兒童教育必須把兒童發展的全觀帶進來。

之後中研院院長李遠哲擔任教改會召集人，他北中南每一場活動我都去聽，但他大部分談的都是高中職的主題，怎麼聽都沒有聽到關於教育要從「學前」教育開始的內容。那段時間我就一直呼籲：「教育改革不應只停留在演講跟文章裡面，是不是可以有一個實踐的場域？」當時宜蘭有一位立委黃煌雄先生，正在推憲政改革、經濟改革，我也去聽了他的演講，我就問他：「為什麼沒有教育改革？」他說：「沒有人來做啊！」我說：「可以從教師會開始，有很多可以做的啊！」後來我透過台灣研究基金會教育改革的系列活動，舉辦了一場學前教育的理論跟實務對話。我邀約了好幾家很有特色的幼兒園跟大學教授們展開理論與實務的對話，就是在這場活動裡，我找到了慈心華德福小學創辦初期的幾位老師。事實上，不是我去找他們，是他們在會後來找我，問我有沒有可能來慈心教書。

從辦學開始，我就體悟到辦學不是一個人的事，愛也不是一個人的行動。在設想把華德福教育推廣開來的過程中，因為我不知道夥伴會在哪裡，我就像在撒種子一樣，不斷地去拜訪縣裡的家長協會、教師協會，不斷地去探索我們有沒有可能讓宜蘭的孩子多一塊教育的夢土，感謝這些教育現場裡的次團體，當年齊心共鳴在蘭陽沃土上耕植了實驗教育的種子。

籌辦小學的同時，我也在想辦法促成宜蘭社區大學的成立，我緊抓著當時宜蘭縣長劉守成跟他夫人田秋堇女士，帶他們與黃武雄教授討論創辦宜蘭社區大學的可能性。不久，宜蘭社區大學成立，我也在那邊開課講授華德福教育，那時找到了更多到來我們小學的老師，現在都還在學校工作。所以說，慈心華德福的老師從哪裡來？從行動來！我並不是一個有靠山或社經背景的人，我只是個宜蘭鄉下的老師，但是我在做這些事的時候，我會想像正在孕育一個新生命，新生命的大腦突觸正在發展，我就不斷地感受要為這個新生命準備好孵育的環境。

在籌辦小學這段期間，我背後不斷受到攻擊。很多人覺得「那個女人一定是有目的，要參選嗎？」我很詫異人們不會相信單純的事，周遭的人不只潑冷水，甚至是潑冰水。我本身不一定非得做這些事情。還好，當時有來自各領域的朋友組成慈心社教機構，這是支持我們前進的重要支持力量。在最辛苦的期間，這些朋友每到寒暑假就會來問我：「有沒有錢可以用？日子過得下去嗎？」他們會先借我一筆錢，讓我慢慢再還。我後來把房子賣掉還人家錢。從籌辦慈心華德福小學到實現公辦民營的過程中，有至少五年，裡裡外外都是很慘烈的一段時光，是段很艱辛難忍的歷程。

抛玉引玉，公辦民營之路

慈心華德福小學是全台第一所取得公辦民營許可的學校。當年慈心如果選擇以私立的方式創辦小學，會是比較輕鬆的路，但是如果沒有公辦民營，有些孩子就真的沒辦法繼續讀下去。有個很愛學校和老師的孩子，就是因為當時我們非學校型態的實驗教育一年要繳四萬元學費，爸媽只好先把她轉學出去，她是一個一直放在我心裡面的孩子。當時希冀父母的選擇權、孩子的受教權都可以平等被對待。

在世界各國，華德福教育都不要政府參與管理，可是因為這個孩子，我努力地想要找出公辦民營的特許模式來試試看。我覺得宜蘭並不是所有的孩子都出身有錢人家，也不是有社經地位父母的孩子才可就讀慈心，一般較穩定的通常就是公教人員，而我們期待士農工商的孩子都可以有機會進到慈心就讀。貧困家庭的孩子，我們也希望能夠照顧得到。我去找了世界各國的很多種做法，當時我提出一種方法，就是政府給我們一般公立學校的經費，委託我們辦學。

一九九九年六月，教育基本法公布，讓各縣市所屬學校委託私人辦理有了法源依據。我掌握住這個契機，努力向縣政府敲門，不斷地跟宜蘭縣政府商議。當時的宜蘭縣長劉守成先生跟教育局長莊和雄先生是支持的，但是其他的各處室大部分不是反對就是被動冷漠，而且每一次各處室派來跟我們開會討論的人都不一樣，每一次我們都需要從頭說起，討論結束之後，則常常是船過水無痕。有人安慰我這是在拋磚引玉，可是我其實是在「拋玉引玉」，因為我花了很多錢才蒐集到這麼多訊息，也花了好多心力才找到這些願意一起做事的人。

開了無數次會議，不斷地哈腰鞠躬、反覆解釋說明，直到有一天，我以前在公立學校的同事跑來跟我說：「你到底是做了什麼事，我們教育局長整天叫我們去慈心看看。」我聽他這麼說，就覺得有一線希望了！歷經八個月的努力，我們終於和縣政府共同討論出「宜蘭縣屬國民小學委託私人辦理自治條例」，這才使得公辦民營學校成為可能，真摯感恩當年劉守成縣長、莊和雄局長、文超順處長、游春生校長等人全力支持公辦民營的實驗教育。

公辦民營這個辦法有很大一部分是縣政府研議出來的，當時宜蘭縣整體的環境因為陳定南、游錫堃、劉守成這些縣長的努力，有了很大的改變，如果我真的有點貢獻的話，是我抓準了社會的脈動，埋頭苦幹地持續在教育基層鬆土，並不斷地為孩子發聲。我感受到縣政府的開放與積極做事的態度，感受到他們想要發展多元的教育政策。我還記得教審會最後要做決定是否通過公辦民營的那一場會議，有很多公立學校的校長，或比較習慣於傳統教育的人士紛紛表示，如果要開放華德福這樣的教育，應該要這樣做那樣做……，出現了很多的意見。當時的縣長劉守成全程靜靜地聆聽，聽完後，他站起來說：「如果都要照你們的意見來做，那你們自己做就好了。為什麼你們自己不做？」講完，他又坐了下來。

後來教審會通過，讓我們取得冬山國小香南分校委辦許可之後，劉守成縣長又問我：「你說華德福教育這麼好，多少年以後可以看到成效？」我那時想也沒想就說：「大概要花六十年。」他說：「啊！那我看不到了。」我也學他說：「啊！那我也看不到了。」我們兩個人大笑起來。我想他真的是學哲學的人，很有技巧地跟公立學校溝通，護持教育政策多元實踐。

護火到新校區

為了推動公辦民營的事宜，我們集結了一群理念相近的教改人士和家長，在二〇〇一年成立了「人智學教育基金會」，並由慈心的家長蔣家興醫師承擔起基金會董事長的任務。二〇〇二年八月，當我們的小學部正式以「宜蘭縣立慈心華德福教育實驗國民小學」為名，要遷到冬山國小香南分校校區的時候，我便邀約了慈心社教機構和「人智學教育基金會」的成員，還有慈心幼兒園的老師、小學老師、家長，和最初參與我們非學校型態實驗教育的四十五名學生，一起進行了一場護火到新校區的儀式。

幼兒園老師把當天為孩子講故事用的燭火帶進廣場，圍圈述說從幼兒園長大的小學部要搬到新校區的故事。我們每個參與的人守護著燭火，有的人走路、有的人開車，一路護著燭火，將燭火微光從慈心幼兒園傳遞到冬山校區。來到冬山校區，從校門口到所有走廊、再到每一層樓，大家都出來迎火，一路將燭火點燃學校的三個樓層。而這些迎來的火苗，最後一起點燃擺放在校園裡的兩根大蠟燭。霎時間，燭光輝映整個校園，那情景美到不行！為了這兩根大蠟燭，我還特地跑到廟裡詢問，去哪裡購買像廟裡過年在點的這種超大型蠟燭。那晚，我們就在學校裡，守著辦公室前的這兩根大蠟燭，一路護火到天明。

這個護火儀式背後的意涵，是希望邀請大家真誠地祝賀即將成為我們校園的大地，讓我們一起來面對辦學的挑戰和守護任務。護火儀式的記憶也注入在這四十五個孩子和新加入的親師生的身上，讓大家對學校有一種特殊的參與感，當年參與的家長和教師和學生也有著一種使命感，真的太不容易了。我和其他的工作夥伴都覺得，是這些孩子的福氣帶著我們一起去做這件事情。

透過這些儀式、透過這些實際的行動，大家好像理解到一個未來的共同圖像，然後把它放在每個人的內在裡頭，並期待著付諸行動，這就是我們邁開腳步的一種態度。而那個一直放在我心裡頭的孩子，在慈心華德福小學成為公辦民營學校之後，轉學回來繼續就讀。現在，她已成為我們學校的老師。

吾校吾土，
脫胎換土

「大自然中的小自然，孩子的感官花園，社群的大稻埕⋯⋯」，這是我為慈心的校園所立下的圖像。原本以為在冬山校區裡可以實現這樣的理想，沒想到的是，在整個辦學過程中，讓我眼淚掉最多的時期，就是在整治這個校園環境的時候。

當初到冬山校區的時候，發現這裡的房子太多尖角、大多是水泥原色、對小學階段的孩子太灰色了。我花了好幾個月的時間都在想，這些尖角、顏色要怎麼轉變。我們在二〇〇二年接收這個校園之後，我就提出要變更校園設計。室內的油漆、地板、天花板怎麼布置，室外的植栽、生態怎麼安排，都靠我們自己想辦法克服。那時我們校園光禿禿的，我想一定要種樹。為了找到可以種下的樹，我們真的是沿門托缽。一開始跟森林開發處要育苗植栽，然後去羅東鎮公所跟他們要中山公園淘汰挖掉的樹，接著又去羅東運動公園把他們不要的落羽松運回學校。甚至台北、台中的植物園不要的大樹，我們都想辦法去要來。我每天下班都去幫這些樹木澆水，澆到晚上九點才回家，被黑蚊子、黑螞蟻、紅螞蟻咬得全身發腫。我去要了這些樹回來之後，要先進行假移植。在做假移植把土挖下去的時候，才發現校園整個地底下全部都是廢棄物！

我開始哭……，開始到處去拜託人，問人家哪裡可以讓我拿到土方，我想把地底下的這些廢棄物清空換成泥土。那時候的總務主任羅葉說：「別想這麼複雜，就先挖有土的那一區，把樹都先種在一起。」我說：「可以，但是你告訴我，有哪一區可以挖？」根本沒有一區可以挖，挖起來全部都是廢棄物！

我要不到土方，就問劉守成縣長哪裡有土方。他說再去問問看，可是都得要花錢買。原來，土方可以一魚三吃——挖了土拿去賣，挖空的地再拿來堆廢棄物。那時候我們有位家長是景觀師，我每次跟他講我要不到土，眼淚就掉下來。我跟他說：「我們希望教養出活生生的孩子，可是我們的大地長不出小花小草，沒有樹，我們如何教養出活生生的孩子？」我每次講到這裡就哭。他就跟我說：「你別哭了，你已經哭了一大面桶了。」

營造永續校園

我真的不知道該怎麼辦，就是每天禱告，把它交託給神。我說：「我已經盡力了，但有些事情一定要改變！」那時候，我們對於校園要怎麼營造已經有好多的討論，還找了國外的老師來評估孩子的活動空間，教學設備都規劃好了，我們非常用心地在做環境的安排，結果發現校園下面都是鋼筋水泥塊這些建築廢棄物，完全無法想像。

我每天禱告：「明天有希望、有機會，有善心良知的人會來支持孩子的需要。」結果有一天，我們有個孩子的家長在國工局工作，因為那時雪隧剛開挖，有國土，他就打電話給我：「校長，如果這些土可以用，我會盡力去溝通給學校用。」我聽完電話，立刻跟羅葉老師飛奔而去。後來我也找了景觀師來看這些土壤是不是可以種植。景觀師說可以。最後終於克服了土的問題。感謝天地來庇祐！蒼天不負苦心人啊，而這位工程師家長後來當選我們公辦民營以後的家長會創會會長，非常感恩他。我永遠記得他當選會長那一刻的表情，重複地說著是我嗎？怎麼會是我？

大家知道這個校園最後挖出了多少廢棄物嗎？七百五十二台六輪大卡車的廢棄物！我們真的是把我們校園的地底下翻了一番，把廢棄物移出去，用雪隧挖出來的國土回填，這真的是「吾校吾土脫胎換土」。

回想我們剛來這個校園的時候，有兩個大的籃球場都被占用停放大卡車，還有放垃圾資源回收物的地方，校園的環境真的不太好。我們進駐以後，把環境美學很認真地當一回事，讓「人與境」的環境教育觀注入校園。為了推廣華德福教育的自然教育觀，我們透過向教育部提報「永續校園」的計畫，提出校園裡怎麼養蜂，讓這裡不只是孩子學習的環境，也是招蜂引蝶的自然環境。我們提出讓校園怎麼採到自然光，讓光線自然流洩到教室裡，讓戶外也是教室，室內也是戶外，因為教室裡注入了自然的元素，孩子更能在情境和意境中來回穿梭、自由地想像與創造。我們也想要有一個水的循環生態系統，因而建造了一個水生池，保護在地的水生植物和生物。這個水生池不需要透過機器輸送，靠著自然水文的流動讓水流到池裡，把傳統的智慧、生活中的科學，融入校園環境。老師和孩子會固定去清理水生池，讓它成為環境教育的一部分。我們還在校園種植了很多可以用來染色的植物，三年級的農耕課程、七年級的植物課程，以及八、九年級的化學課程，這些植物就變成校園裡現成的課程素材。學生可以在校園裡看到生態、生產，還有生活，整個相繫共好的校園呈現出生機互動的感官花園。

同樣的精神向校園外的大環境延展，最直接影響到學校社群的家庭生活和周邊的社區村莊，所追求境與人的關係，從藝術、手工藝術、節慶、農耕、建築行為、生態等廣義的課程中學習認識自然與文化傳統；帶著學生一起掃大街，定期不定期地到海邊淨灘，並以海灘邊的石頭漂流木創作地景藝術，促進了社群的關係。這些所為注入課程同時，也都是在呼應協助學校的在地關係和永續成長。於是，學校慢慢將可以成為健康社群的種子，持續在四季節慶活動中分享給家長和鄰里，這段不算短的時間內，非常感謝創校初始的教師余若君老師和他的夫婿彼得，從德國舉家回來，帶著藝術家的專業用心陪伴校園環境小組研究規劃整個校園的建置。

當時有件很有趣也很弔詭的事情，就在同一年同一天我們收到兩份來自公部門的公文，一份獲得行政院教育部永續校園特優獎，一份來自宜蘭縣政府由退休校長組成的環境考評委員會，慈心校園環境考評丙等，全縣各校收到慈心華德福校長記大過一次的公文。其中需改善美化環境的部分正是我們用心營造保護的蝴蝶蜜蜂蜜源區，被看待成雜草叢生。那次經驗使慈心團隊超級有意識地在看待慈心這所學校與縣內公立學校交織的命運，也增強了教師團隊不卑不亢「把持理想，學習務實論述」的決心。

在我們的水生池建置好的時候，我們和孩子們一起種下了一棵在路邊救起的大樹，我們判斷這棵樹是被偷砍後被丟包的百年水茄苳，總務處同仁報警後搶救移植到水生池，全校師生為樹爺爺唱歌祝福，為孩子說樹爺爺的故事。後來我常常看到校園裡下課時常有一年級的小朋友會蹲在地上唱著：「樹呀、樹呀，我把你種下……」他們正開心地唱歌給樹爺爺和小花小草聽。場景超美，校園充滿甜美的氛圍和無可言喻的生機。

回想慈心開始要從非學校型態實驗教育過渡到公辦民營學校的時候，為了新校園的空間與環境的改造，我們跟孩子一起做了很多事情。剛開始的時候，我們所用的課桌椅都是到公立學校問他們有沒有廢棄不要的，到人家倉庫裡面去挖出來，大家一起把這些木頭再磨過，把這些廢棄的東西再復甦。我們想要改裝教室，鋪上木底板和天花板，還想要做嵌入式的電扇在教室天花板裡面，因為沒有這些經費，感謝當年創校之初的同事們，主動發起共同樂捐一日所得。

冬天的時候，我們和創校時的家長、孩子一起做蠟燭、一起染圍巾、桌巾、窗簾，把這些東西都摺得漂漂亮亮的，然後在羅東運動公園、羅東火車站義賣募款。募到的款項，就由家長會管理統籌使用。

那時候孩子會用托盤鋪上一條老師或媽媽染好的布巾，然後把義賣的東西放在上面。孩子大聲叫喊：「好東西，便宜賣！」清澈亮音劃破公園，從這邊到那邊引人注目卻不吵雜，等義賣品東西賣完了，會一起唱歌、敬禮。即便沒有觀眾，他們也會對著羅東運動公園的大樹說：「樹爺爺，謝謝你們，沒有讓我們曬到很熱的太陽……」好多，好多，像這樣詩一般的話語，我真的是忘不了！那聲音之響亮，我到現在想起那一幕幕都還會會心一笑，心裡有著一陣陣的悸動湧現。辦學過程藏起來流過無數次的淚水，沒有澆熄我的熱情與沉著堅定。您說，我的動力哪裡來？從孩子來！

追憶羅葉老師——校園裡最美麗的風景

羅葉老師在慈心華德福工作了七年，他是在我最需要幫忙的時候來的。我當時需要一位總務主任，需要一位能文能武的人。他來了之後，跟著公立學校的總務主任學了很多事情，而且可以把很普通的事物變得很有文學性。例如：他針對廁所，寫了一個「如果廁所像藝廊」的計畫案，讓家長帶著學生創生地景藝術。到現在，我們學校的廁所都有很美的裝置藝術在裡面。他真的是親力親為。他覺得教室前的走廊應該可以洗得很乾淨，可是孩子都不會洗，所以他就親自帶著孩子刷地板。

慈心剛遷入冬山校區時，我充滿理想，希望校園是大自然中的小自然，要有自然循環的生態，還要有大稻埕的概念，讓社區文化可以進來，可以有節慶的生活文化流動。我還提出要串連起生活、生產跟生態的關係，整個校園的規劃要依照這幾個原則進行。如果沒有羅葉老師願意把人智學的生態觀幫忙落實，如果沒有他的相挺，這些理想都難實踐。後來有班級要我去說故事，我總是有講不完的羅葉老師故事。

文人當武將用

羅葉本名羅元輔，在宜蘭出生，在花蓮成長，在台北求學。他在建中、台大念書的時候，參與了當時的社會運動，我便是在這樣的場合中認識他的。後來我在台北社區大學開課講授華德福教育時，又再次遇見他。當時他擔任社區大學的評審講師，那時他生病剛開完刀，還在休養期。我把慈心要從幼兒園往上開始辦小學的故事跟他說了一遍，希望邀約他回到宜蘭幫助我辦學。

他那天聽完我在社區大學的講課之後，就站起來跟我說：「走吧！」我說：「去哪裡？」他說：「跟你回宜蘭。」就這樣，他很自然地回來了宜蘭，成為我們學校公辦民營後的總務主任。

他是一位詩人、文學家，他文武兼備，性格既理性又感性，而我卻請他來擔任總務主任，大家都罵我是把「文人當武將用」。因為他文筆很好，詩也寫得很好，到了慈心之後，我就跟他說：「我們必須讓外部更理解華德福教育，我們要更主動積極地對外溝通。」我那時看到教育部在推動「永續校園」的計畫，想提出一個案子，就請羅葉幫忙我在文筆上做些潤飾。後來我們提出了「吾校吾土脫胎換土」的永續校園計畫，接下來又寫了好多個計畫提報給教育部，這些計畫都是羅葉帶著慈心老師一起寫的，內容所呈現的，就是人智學環境生態的教育觀。我們的目的不是要爭取經費，而是要讓華德福教育的理念能夠被看見、被理解。文人當武將的好處是，可以剛柔並濟，可以寫出很美的圖像。後來我們跟其他學校推動永續校園的策略聯盟，都是用人智學的生態觀。

慈心早期創校的同事都從四面八方來，羅葉老師會邀大家吃飯，一起去吃熱炒。他說很多人一起吃才可以吃很多樣菜。他的文學素養，以及他耿直的個性，也幫助了我們團隊的內聚力。早期我想做一些事情，會有人說：「請校長的人馬去做。」然後他就會站起來說：「不是校長的人馬，統統出去。離開這所學校！」這句話點醒了大家，「所有的人都必須是校長的人馬才行」。他講話很土直，但是他會照顧年輕的老師、同事，以及照顧需要照顧的學生和家庭，很多人都被他照顧過。

羅葉老師也是奠定我們學校閱讀跟寫作課程基礎的人。我們的行政夥伴至少要教一門課，他教的就是閱讀寫作。他常常晚上都還待在學校裡忙東忙西的，也常在期末幫班級導師修訂學生學習的質性評量的書寫，我常跟他講：「我快停電了，你快回家！」我真的是累到瞇著眼睛說話。他看我累了，有時還會煮東西給我吃，有時也會買排骨蓮藕回來，要我煮得像他媽媽一樣的口味，把我當成姐姐或媽媽，同事都像他的家人那樣。

他第一次來到慈心，寫了一首詩〈光溜溜〉，描寫了慈心幼兒園的孩子在校園裡無憂無慮玩耍的模樣。在擔任總務主任的期間，他寫下了〈在國小圖書館〉，訴說他在我們學校工作的心情寫照。〈在國小圖書館〉這首詩獲得了林榮三文學獎新詩類首獎。頒獎典禮後不久，他病情惡化，離開人世。他離世前的幾個月，還常常在跟我談要怎麼鼓勵孩子寫作，如何鼓勵孩子投稿到不同的報社。在處理完他後事之後的幾個禮拜，我打開我的電腦，才發現，不知道什麼時候，他把閱讀寫作的課程內容都已經整理好，就放在我的電腦桌面上。我看了，又哭了一整天。

羅葉老師用他生命最後、最精華的幾年，奉獻給了這所學校。他照顧學生、他照顧四面八方來的老師、他讓我們同事之間的關係緊密相連，互相友愛。

（延伸閱讀：羅葉詩選《我願是你的風景》，典藏文創出版）

第五屆林榮三文學獎新詩獎

在國小圖書館

文——羅葉

早安，陽光！早安，芬多精
每天我準時喚醒圖書館，如掀開封面
讓晨風輕輕朗讀整座隱形的山林
照例是穿越書櫃間，聽見作者與精靈們
無聲的問候；我微笑、招手
細細撢除落塵如親吻一位位老友
那時學童們正逐戲於校園：松鼠
水鹿、野兔或獼猴……；隔著窗玻璃
我彷彿看見雉雞、黑熊、山豬群
活躍在福爾摩沙失落久遠的地平線
悠悠有雷鳴？催他們回返棲地

原來那是上課鐘響——粉筆板擦們
靜下心來，課本練習簿也認真就位
起立、敬禮，遠近交織成班級的旋律……
蟲唧中，總有一杯清茶與我對坐
旁聽窗外的花影；有餘韻裊裊的草香
在割草機陣陣吟詠中寫入風裡
叢寂中，我也經常修剪起學童作文
斟酌著枝幹的構思、花葉的修辭
偶爾起身檢視各角落，如一巡山員
深入繁茂與傾圮，踏查這館藏的林相
悠然瞥見了（而遲遲沒人察覺）：
那行行列列並非櫥櫃，是山巒綿延
居間有肥美的谷地等候著耕讀
那架上結實纍纍的不是書籍，是穗粒

冊葉中有光合作用祕密在進行……
轟轟然如奔洪出谷、群獸過境？
才知這已是課間休憩——學童的聲浪
迅速漫漶過走廊操場而支流悄悄
注入圖書館，匯為一片沖積扇
如飛禽翩翩降臨、動物齊聚水源區
閱覽室裡不同年級的身影：有蜂蝶採蜜
牛羊咀嚼草地；也有長頸鹿與象鼻
高高舉起，捲食書櫃上層的嫩綠
心思幽邃的是雲豹，御風神遊的是蒼鷹
他們在一種微妙的平衡裡比鄰而居
探索未知的邊際，專注且驚喜
恰似一顆顆星球努力成形，預言著
美麗的生態系……。經常我如此錯覺

臆想那安徒生或達文西將為此雀躍
而諸神無語，李白、莎翁、就連孫悟空
也凝肅屏息，靜看著借閱與歸還
來來去去。然後放學的鐘聲
帶走他們，留下一片凌亂讓我整理：
金銀島、水濂洞、茶花女、仲夏夜之夢
……夢裡的星空有字句閃爍
明天，精神飽滿的太陽會出門上學
學童們會再走進我點名完畢的圖書館
翻開全新的一頁，如揮動翅膀……

作者得獎感言

感謝魯道夫・施泰納（Rudolf Steiner）開創了華德福教育；

感謝張純淑女士以其身家性命在台灣推動華德福教育；

感謝宜蘭縣政府讓「慈心華德福中小學」日漸茁壯；

感謝這所學校全體親師生的付出；

也感謝小朋友們的作文及錯別字，陪伴我重新思考字音、字形、字義、及文法意象，在學童們的課堂上，我確實學到許多。

當然，家人朋友及醫師護士們的關照，也是我銘記在心的。

心懷虔敬 敬天愛地 迎接孩子；
天地深情 飽含情愛 施以教育；
迎向自由 放手任其翱翔。

——華德福教育創始人 魯道夫．施泰納

第二部

實踐當代教育的藝術

那些年調皮搗蛋、
沒禮貌的孩子……

在現今的社會環境裡，學校裡一個班級有三、五個孩子有特殊的需求，其實是很正常的狀況。如果我們很輕易地定調一個孩子就是自閉或不合群的孩子、愛搗蛋的孩子就是注意力不集中、是過動，我們就會錯失陪伴孩子改變的機會。唯有當孩子被包容、被認同，沒有被排斥的時候，才是真實可貴的融合教育，也才能真正幫助到孩子。

慈心公辦民營之後，附近學校傳言，華德福教育很適合特教生來就讀。當時我們有一個班級，老師是第一次帶班。二十名學生之中，就有九位是鄰近學校轉學過來的特教生。那時帶班的導師非常認真，常常半夜十二點還在備課。我也會經常陪著她吹笛子、陪著她安排晨圈、陪她談孩子……，最後總是會把第二天的課程都順過一遍才道晚安入睡，這是非常珍貴的工作經驗，我珍惜著。在教師團隊中三三兩兩一起探討備課、個別孩子的需求，在夜晚、清晨，或午休時刻都是常見的場景，會令人動容。記得有一年一位文化工作者進校觀察後說：「太神奇了，慈心這個學校，全校沒有一個人在講八卦。」

在我們公辦民營的頭兩年，有一個陪伴團隊幫助我們學校的成形，對於不懂的行政管理，我們可以請教他們。這是宜蘭縣政府組成對新設實驗學校的陪伴團隊，是縣府積極正確的輔導模式。這些來自公立學校有經驗的教務、總務、人事主任帶給我們很大的幫助，但有些時候也會對我們的教育現場產生一些誤解。記得有一次陪伴團隊來訪的時候，其中一位委員巡視過我們學校之後說：「這個學校特別要加強的是孩子的禮貌，我覺得孩子很不禮貌！」我聽了嚇一跳。我說：「不會啊，我們的孩子都很甜美。」在這位委員說：「他們看到客人都不會主動打招呼。」為了了解狀況，我在休息時間進到了這位委員所指的班級。原來，他們班上有一個特教的孩子叫做良誠（化名），他當時坐在地上。這位委員來到班上時，叫良誠站起來，良誠完全不理他，所以他覺得我們的孩子不禮貌。

我回去跟這位委員解釋，告訴他這是一個特教的孩子，有特殊的需求。這位委員說：「我知道啦。」因為他剛才有問班上的同學：「這位同學不會打擾你們上課嗎？」結果班上的孩子們告訴他：「不會，沒關係啦！他等一下就會好了。」我聽完之後覺得我們的孩子好棒！他們有顆因理解而接納同學的心。

療癒與融合的力量

原本在慈心參與實驗教育的那四十五個孩子來到新校區之後，似乎有一種特別的使命感，每當陪伴團隊來訪的時候，他們會很主動地關心，常常會急著跑來問我們：「這些大人會支持我們嗎？」其中有個孩子，有一次聽到陪伴團隊談到校園裡的某個區域是冬山鄉的死角，很多不良少年會來這裡搗蛋，會拿石頭砸窗戶、放火燒東西、會毆打值夜的老師。這個孩子聽到這件事情之後的某一天，我們的總務主任發現學校廁所的角落有一堆被火燒過的布。大家很緊張，覺得印證了當初陪伴團隊給我們的提醒。所有的老師都在想對外要怎麼防範，可是我當時第一個浮上來的念頭是：「這應該是我們自己的孩子做的。」我就告訴其他的老師：「你們先不要處理，我先處理一下。」

我先判斷可能會做這種行為的會是哪幾個孩子，我想到了三個，就先把他們找來，我跟他們說：「我們學校昨天發生了一件令我擔心會有危險的事情。校長需要你們幫忙，因為你們是我們第一個班級的學生，你們三個人也特別的聰明，有很多的好朋友，所以請你們幫我查詢看看……」他們都不動聲色，但我看著他們的神色，差不多就可以看出是哪一個做的了。

到了中午吃飯前，這個放火燒東西的孩子跟他的老師說，他有東西掉在校長辦公室，其實他是要跑下來找我。他到了辦公室之後跟我說：「是我做的。」我說：「喔，我知道。我就想說，如果你可以幫我，我可以省事很多。」然後我問他：「你為什麼要這麼做？」他告訴我，因為他聽到有人在提醒我們有不良少年破壞校園的事情，他也想知道學校老師會怎麼做？當時他已經小學三年級，家住學校附近，從發展歷程來看，這個年紀的孩子自我已經出現，是最調皮，開始想要挑戰老師的時候，而且三年級的孩子是非常愛玩火的時期。

後來學校三樓教室的地板再次出現有火燒過的痕跡，我就再請他過來。我說：「我相信這個大概不是你做的。但是請你幫我查一查。」然後他就四兩撥千金地說：「這個不用擔心啦，地板要燒掉也沒那麼容易。」我說：「會不會有其他的同學跟你一樣調皮？」他說：「應該不會了啦。」我知道是他做的，我也沒說破。我跟他說這些話的時候，都是從他背後把他抱在我懷裡，沒有讓他跟我面對面，他只聽到我說話的聲音。從聲音中，他明白老師已經知道是他做的了，但不是在指責他，他知道他不需要騙我。

處理孩子這種調皮、惡作劇、想要挑戰老師是不是真的厲害的事情，我常是這樣抱著孩子，用聊天的方式跟他說。我跟他聊天也不是說很多大道理，我只跟他說：「這是不允許的。就算學校原諒了，社區的人和警察發現了，會當作犯罪處理。」我把法的概念敘述出來，舉實例讓他知道這是違法的事情，後來他的這種行為就沒有再出現過了。老師對這類孩子若能先包容他的行為、再探看事件表象背後要呈現的是什麼，然後指出一些他可以理解的部分，讓他自己做出判斷。孩子懂了，做得到的時候，就會逐漸改變。

這個孩子後來小提琴拉得非常好，國中就開始展現出願意服務人群的態度，上大學後對烹飪、營養與美食非常有興趣，並且出國學藝，之後獲得了好幾家米其林餐廳的工作邀約，還曾回來我們學校指導廚房做菜。他雖然從小就很難帶，會亂吐口水、會罵髒話，但我們見證了這類孩子到了六年級，都慢慢有了改變。所以我們愈來愈相信，華德福教育是一種療癒性的教育，是一種融合的教育，例如：我們在學數學的時候，會隨著身體的律動背九九乘法，透過身體，讓數學與自身連結、與世界連結。

學習九九乘法不必死背，也可善用各色毛線玩幾何圖形，色彩與形的變化交織完成，美學教育就融入數學。有著規律之美的學習，一年級的數學四則運算學習，以加減乘除的精靈故事帶領孩子。品格教育自然而然地注入學習數學之中，這其實就是九年一貫裡所談的統整教學、融合教育。華德福教育裡的很多藝術課程與體能課程，例如：形線畫、濕水彩、木工課與優律司美，都是身心靈整合的教學活動。透過這些課程的穿針引線，不知不覺地幫助了孩子，療癒了孩子。

一窺慈心華德福的木工課

慈心從五年級開始到十二年級（除九年級之外），每週都有木工課。就如華德福教育裡所有的藝術課程一樣，木工課也有助於鍛鍊孩子的意志、情感與思考，並從身心靈各方面，幫助孩子做好面對未來的準備。

五年級的木工課，會從讓孩子用一把小刀削木頭開始。這不僅鍛鍊到孩子的小肌肉、練習如何伸展運用肌肉的力量，從樹皮到樹幹一層一層削下來的過程中，可以看到木頭紋理的變化、聞到木頭的味道、觀察到不同木材的顏色，甚至了解到歷史人文與生態的變化。例如：柳杉是日本人引進台灣種植的。日本原生的柳杉削下來的紋理顏色是紅色的，而台灣所生長的柳杉，削下來看到的則是黑色的紋理。這其中就牽涉到氣候、生態與造林過程等風土條件的影響。

六年級的木工課，學生會開始做湯匙。湯匙有凹下去與凸出來的部分。往內挖，是向內在的探索。凸出來的部分，是感受包覆的感覺。

到了七年級，學生會製作沙拉盆。因為孩子長更大了，所以要往內挖得更多、更深。此時，還會製作一些會動的木頭玩具，應用到這個年級會學到的一些機械原理。

到了八年級，學生要做出一張三腳椅。學生要想辦法將一塊方形的木頭做出非常圓的椅座。接著學著做榫頭，做腳椅，然後組合成一張完成的椅子。到了這個階段，不僅是在培養學生塑形的能力，還要開始鍛鍊他們的精準度。

十年級，學生要能夠用手動工具刨出一片大木板，這是要鍛鍊他們平面的精準度，以及砂磨的能力。

在十年級之前，慈心的木工課用的都是手動工具。透過手動工具的運用，學會木工的基本功夫，並學習如何安全地運用這些工具。到了十一年級，開始練習使用電動工具，學生會開始製作家具。到了十二年級，則會開始創作更具藝術性的作品，例如：雕刻人物、編織椅。

從華德福教育的觀點來看，木工不只是一門動手做的課程，也是一種觀察內在反應的過程，有助於了解自我，啟發想像力與創造力。在慈心的木工課下課前，老師會帶領學生一起唱這首歌：

今天的工作結束，我們要回家去。
再會吧！再會吧！願上天祝福你！
今天的學習結束，我們要回家去。
再會吧！再會吧！願上天祝福你！

心魂相通，
與大自然連結

人跟人心魂的相通，以及跟大自然的連結，是華德福教育跟我自己最貼近的部分。

當年我在德國斯圖加特的華德福幼兒園，看到老師在教室門口邀請孩子進入教室的情景，深受感動。如今在慈心，我們也同樣懷著歡喜的心情，邀請孩子的到來。邀請的方式很多，有的老師會在教室門口跟孩子握手，或是把手伸出來舉到一個高度，讓孩子跳起來頭碰到老師的手。這種邀約互動會從幼兒園一直持續到八年級。到了九年級之後會有另外一種方式，例如會用腳彼此輕踢一下。老師在邀約孩子進到教室的那一刻，從孩子的臉色、動作、表情、溫度，就可以感知到孩子的狀況，這就是人跟人心魂相通的那一刻。我常跟老師說：「當孩子的眼神跟老師相遇的那個當下，孩子就在你心裡面了，你也會在孩子的心裡面。」

隨著大自然的節奏律動

我在公立小學待過，覺得暑假太長了，一天上課的時間太久了，不太符合孩子學習和身心發展的自然律動。當年在寫公辦民營計畫書的時候就曾思考，如果參照國外華德福學校用四學期制，節奏比較分明，對華德福學校的老師來說，也可以較充分地備課，因為他們無所本（不用制式的課本），備課的壓力是很大的。之後我們採用了四學期制，分成春夏秋冬四個學季。在這種節奏之下，我們學校一天、一週、一季、一年課程的作息都非常分明清楚。早上開始學習的時候，我們會有晨圈，下午回家前會有結束圈，我們會在晨圈和結束圈的時候朗誦詩歌。吃飯的時候，我們會唱謝飯歌。

我們也有四季的節慶活動，所有節慶的活動，一開始都是由全校的老師共同研讀，找出這個節慶的意涵，把其中的氣候、地理、生活、文化的相關性找出來，然後再設計一連串的系列活動與課程，包括歌唱、故事、戲劇、遊戲、食物等季節活動。因為要把人文、生態與天地的關係結合起來，所以邀請家長與社區的參與就很重要。例如：我們會邀請附近老一輩的人來教我們節慶的時候怎麼準備。我們也會透過學校節慶的活動，邀約家長和社區耆老一起參與、貢獻、創造，最終的目標是讓健康的社群可以成形。

透過四季的節慶，孩子會知道自己周遭的地理風貌，啟迪對大自然的尊重和認識，培養敬天愛地的情懷，這都是在為孩子注入學習的模式，裡頭有很多跟大自然的連結，不是只有知識本身。

教室注入自然、生命的元素

除了每日作息安排、四季節慶活動，我們也把自然與生命元素注入教室裡頭。例如：每個班級的教室裡都有季節桌，老師和孩子會用當季採集回來的石頭、樹木、花草來布置。你也會看到教室裡的很多東西不是買來的，像是教室的窗簾、手織的裝置、自己染的桌巾，很多都是老師或是孩子的創作，這些創作都流動著豐富的生命力，形成學習環境的氛圍與養分。

在華德福學校的教室裡，色彩是很重要的元素。例如：冬天樹葉枯落，會用比較多的大地色，也會有深藍、紅色等應景的節慶顏色。教室裡的窗簾也隨生命成長呈現不同色彩。一年級還很幼小，窗簾的顏色會跟幼兒園比較接近，使用帶點溫暖的淡粉紅，像子宮裡胚胎的那種感覺；二年級的窗簾就有一點點橘黃；三年級就稍微再黃一些，接近淡黃；四年級就會用比較鮮明的橘色；五年級開始就會有綠色、藍色、紫色。十一年級以後是迎向成人的階段，各種自由色彩都可以進來，這都是在呼應孩子的成長。

另外在幼小階段，我們希望孩子不要穿太花俏或太刺激感官的衣服，建議穿比較素樸的衣服，因為這個時期的孩子有與生俱來的感官要發展，孩子透過感官在認識他所屬的世界，所以不宜那麼強烈地去影響孩子。我們會跟家長說，讓孩子穿棉質、舒服的衣服，不要穿太多圖案、亮晶晶的衣服。有些家長不明白為什麼要這麼做，我們就解釋到，因為有些T恤有很大的圖案，如果這個圖案太吸引人，同學的眼光不會看到你的孩子，會被圖案吸引；相對地，你的孩子也看不到同學，會被看到的圖案影響。

種種細微的安排，為的是讓人與人之間有更多微細觀照，孩子能在韻律節奏中得到身心靈平衡發展，在與人心魂相連中發展出真實溫暖的關係。

女巫與
黑板畫

十九歲那年我開始當小學老師。當時感覺自己好像是一個大孩子在帶一群小孩子。我進到小學工作時，遇到很多的困難。還記得，那時候學生一到學校，就要進到教室裡安靜地早自習，當時，我在一所鄉下的學校教書，教室前面有一塊可以種點東西的花圃，我便邀請孩子把家裡可以種的花花草草帶來，我們全班可以一起把植物種在花圃裡。我還跟學生說：「你們可以把家裡的鏟子、水桶也一起帶來。」

隔天一大清早，別班都安安靜靜在教室早自習，只有我們班在那裡「鏗・鏘・鏘……」。結果，第一天校長就來了，問我說：「張老師，你不知道現在是早自習時間嗎？」第二天，教務主任又來說：「張老師你是新來的，昨天校長跟你講的，你聽不懂是嗎？」我連續兩天都被校長跟主任說我「聽不懂」，心裡很是挫折，但是我還是用很好的態度跟他們說：「我們快做完了，很快就會進教室。」

除了早自習要求學生乖乖坐在教室裡，抄寫黑板上的字，讓我很不適應之外，另一件讓我感到很不舒服的事情是，每一班的老師在放學前都會在黑板上出很多的作業，然後要孩子抄在筆記本上帶回家繼續寫，第二天再把抄抄寫寫的作業交回來。我心裡不斷地交戰：「這是在幹嘛？我小時候當學生的時候就是在做這樣的事情，我現在當老師了，還在對學生做同樣的事情。」

那時小學一班六十七個學生，還要找小班長來幫老師改作業。我從小因為表現好，常常就是那個被老師叫去幫忙改同學作業的小班長。我自己當了老師之後，不希望學生幫忙改作業，但整個學校都是這種做法。因為內向，不想要特立獨行，所以不敢說出來，但我心裡有很大的衝突、很大的掙扎。

回想當年那些抄抄寫寫的黑板帶給我的無力感，對照今天在慈心的教室裡充滿藝術感的黑板畫，我有著另一種完全不一樣的心情。

藝術的魔法

當年在推動慈心公辦民營的過程中，曾經有議員質疑：「你是女巫嗎？台灣幾百年來都有用課本，都把學生教成這個樣子了。你們沒有課本，要教什麼？」

因為華德福教育不用固定的教科書，黑板畫就類似我們的課本。慈心的老師會先把孩子明日需要學習的內容，在學生放學後畫在黑板上，等到隔天上課時，跟學生一起回顧，敘述、學習，提供學生作為紀錄的參考。所以，我們的老師每天都會有黑板畫創作，是每天重要的備課操練和修鍊。

我們的黑板是特別製作的，可以讓粉筆的色彩在上面比較容易上色與重疊，而且可以摺疊闔起來，等到上課時再打開，想起當年很多學校機構已不使用黑板和粉筆，而改用白板和揮發性白板筆，我們一時找不到做黑板的師傅，後來很不容易地找到一位老師傅，他說這次幫你們，以後不要來找我，老了不做了啦！我們要的黑板漆也買不到，後來也是一位老師去拜託高雄親戚的化工廠幫我們做，也因此早期創校時進來的老師幾乎都學會了做大大小小的黑板，假日走廊到處是報紙和進行製作中的黑板。

為了孩子的學習，我們克服了不少類似的困難，但同時也像禮物般匯聚、堆疊好多革命情感、技能經驗、和感謝的心，成為看不見的堆肥區。自然不矯情真是好用，我們的資源和緣分在存風取雨融入穿出之間真是一門社會性藝術，存在於你我之間奠基於校園文化之中，不是計畫目標、不是效能步驟的結果。

畫黑板畫是全世界華德福學校老師的基本功，也是老師很重要的藝術鍛鍊，每一位老師都非常用心地準備。我曾經看到有老師站在黑板前站了一個多小時，畫一筆就擦掉，畫一筆又再擦掉，不斷地修改。還有一次，我看到一位男老師很高興地從教室跳出來說：「我畫成功了！你們來看！」他跑去找隔壁的同事趕快過來看。

我也曾看到很謙虛的老師，已經畫得很不錯了，還是一定要去把資深的老師請來說：「你幫我畫兩筆就好，我不管你畫在哪裡。」資深的老師畫了兩筆，整個黑板畫果然都鮮明起來。這兩筆，就讓年輕的新手老師又學到了新的技巧和新的視角。大家這樣的互動其實也就是一種自在開放的學習，慢慢地教師團隊匯聚了一種互相欣賞、互相協助，以及在不同領域的教學相互為師的風氣。

在慈心公辦民營前期我也帶三年級的課，有次我忙到晚上十二點多，洗完澡躺在床上，感覺累到魂都好像飛出去了。然後，半夜兩點鐘的時候，我從床上跳起來，「我的黑板畫還沒有畫！」我得趕快起來畫黑板。很多老師都有過像我這樣的經歷。畫黑板畫雖然辛苦，但每每老師打開黑板，學生看到黑板畫的那一刻，教室裡都會傳來陣陣的驚嘆聲，這是許多老師感到非常欣慰的一刻，也是學生對學習充滿期待的一刻。

當然這也是新手老師很真實的考驗，曾有一位七年級新手導師覺得學生都畫得比他好，壓力很大，每次上完主課就會有不同的孩子來跟老師說：「老師，沒關係慢慢畫就會了」，或「沒關係，每天一直畫就會畫得很好看了」。導師後來在教師會分享，她是班上每天都收到禮物的人。黑板畫彷彿把我當年記憶中，充滿抄抄寫寫的冰冷黑板，變成一幅幅帶著魔法的藝術品，吸引著孩子進入學習的聖殿，喚醒了孩子好奇的心靈。我們不是巫婆，真的，我們只是用心地在實踐著教育的藝術。

記憶與遺忘，回想與重複

「假如我們是教育現場的為師者，我們必須有一定的自由操作空間。……不是每小時就更換課程內容，而是持續講授某個東西，然後不斷地在隔天回頭連結前一天所教授的內容，這樣就不會有後來學的抹去前面學的狀況，也才有可能做到以學習者為中心並願意專注學習……。」華德福教育的創始人施泰納博士曾經對於課程的安排表達了這樣的看法。華德福學校所發展出來的主課程和副課程（亦稱為：專科課程）的安排，正是在呼應施泰納所強調的這些原則。

華德福學校的主課程又稱週期課程，每天早上以二個小時的時間進行一個完整主題的教學，連續長達三週左右，然後再進行另一個主題。在這三週的時間中，我們會完全貫注精神集中在一個主題上工作。例如在慈心，我們會有農耕課的主課程，連續進行三週，體驗從育苗、手工插秧、賞穗花、觀察、品味友善生態農法下稻田裡的豐富生態。

副課程（專科課程）則經常會呼應到主課程的內容，例如：主課程現在講希臘的歷史，副課程的藝術課就會讓孩子來繪畫或泥塑跟希臘有關的殿堂。建築課就會讓孩子來測量這些殿堂的柱子和它們的比例。主課程和副課程設計的目的，是為了讓這些課程互相交織，讓學習的內容可以深化。

華德福教育談遺忘跟記憶一樣重要。如果只是一直記憶，聰明的孩子也許考試可以考得很好，但考完就忘記了，不會應用。華德福學校學習的節奏以三天為一個步驟：第一天老師講述。第二天，經過一天的睡眠與遺忘以後，孩子跟老師一起回顧前一天學習的內容。第三天開始，孩子把學到的東西記錄下來，用書寫或畫畫的方式製作自己的工作本。對於記憶沒那麼好的孩子，他第一天聽老師敘述，可能沒有完全聽懂。第二天，老師會帶著孩子回顧，記憶不好的孩子可以再次學習，在這個過程裡面，記憶不好的孩子還可以學習如何記重點。我曾看到有些孩子會用畫圖來幫助記憶，而記憶好的孩子可以幫助回答不出來的同學。班級同學互相幫助，完成了回顧的練習。到了第三天，將真實學到的呈現出來。敘述、回想、重複，到最後能創造應用，這就是我們課堂上的學習風景。

要深化學習，就不要打斷課程，有時候制式的上下課鐘聲會打斷學習。所以在慈心，我們不用鐘聲來控制課堂時間，而是把這個主權交給老師。慈心現在會有兩次大下課跟午休時刻用音樂當鐘聲，其他的課堂休息，老師會用小鈴鐺自己搖。老師也會照顧到孩子的生理需求，所以即便是兩個小時的主課學習，這兩小時裡面也會有動、有靜，讓孩子也不會覺得上課時間拖得太久。

充滿藝術感的工作本

華德福學校的老師不用制式的教材、課本，而是把要教授的內容先畫在黑板上，也就是黑板畫。學生則必須自己把課程內容繪製於他們的工作本中，並記錄學習的內容，工作本可以說就是華德福學校學生自製的「課本」。從工作本的製作，也可以看到孩子與老師角色的轉變，以及孩子能力的增長。小一到五年級，老師主導的力量比較強。老師會畫比較多的黑板畫，學生會學習模仿老師的黑板畫來製作他們的工作本。

在小學階段，情感的教育是很豐沛的，畫比較多、做比較多、玩比較多，孩子接受老師的引導，慢慢堆疊自己的內在能量。進入六到八年級，對一個人思考力的萌生很重要，老師會慢慢變成提點的角色，引導學生怎麼找書籍、怎麼找重點，讓孩子發現、發揮他們的能力。這時候，老師的黑板畫會畫得比較少，學生的工作本則有了更多自己的創作和想法。進入九年級到十二年級，重點會放在讓學生自己思考，那時候就會更讓學生有更多的自主學習，孩子的力氣要讓它出來。

在慈心，因為每位學生從小就開始學習怎麼製作自己的工作本，慢慢地，他們會愈來愈熟練怎麼透過書寫、畫圖、編輯……，來創作自己的工作本，到最後，每個人的工作本都像是藝術品一樣。從模仿、抄寫到自由書寫，工作本不僅記錄了孩子的學習歷程，老師也可以在工作本裡看到孩子的個別性，看到孩子目前的發展樣貌。

華德福教育的內涵包括了文化、藝術、宗教、科學，這些內涵透過主課程和副課程互為表裡、穿針引線，讓孩子的內在享受自由和保護，同時外在也有所規範。所以我們的孩子可以穩穩地長大，成為自由完整的人。

「關係」改變了溫度

「關係」是華德福教育裡一個很重要的元素，其中包含了教育跟環境的關係、師生的關係、教與學的關係、親師的關係、家校的關係，以及社群的關係，並且透過這些關係，發展出對孩子的深度認識。而關係的建立與發展，靠的不只是溝通技巧，還包含了很多層面的關照。以慈心學校來說，還有很大一塊要耕耘的是與公部門的合作關係。

當年我到國外參訪華德福教育時，有機會進班觀察，曾經看到一個孩子好像有一些狀況，於是我請問這班的老師如何協助這個孩子。那位老師告訴我，如果我有興趣、有時間，家長也同意的話，剛好當天下午約了家長，我可以參與針對這個孩子的「兒童個案研究」（簡稱「兒研」）。於是我有機會看到了這個活動的進行狀況。

我在這個活動裡，看到所有的老師、家長之間的對話，都不是在談論孩子的問題，而是在討論他們看見了這個孩子有哪些需要，以及他們可以給予他什麼幫助。這場景給了我很大的衝擊，因為在台灣，即使是到現在，遇到孩子出現問題，老師和學校都是不斷地把問題拋給孩子的家長。家長有很大的壓力，覺得對不起老師、對不起學校，最後氣都會發在孩子身上。

在國外參訪時，我進一步觀察到華德福教育對於一些有特殊需求的孩子，學校甚至會邀請校長和相關的人士，像是專案的輔導老師、生活教育的老師一起來參與兒研。不管來的是誰，大家在談的都是：「我們如何認識清楚孩子的真實需要？怎麼去幫助孩子排除阻礙在他眼前的困擾？」這裡面有很多問題不是靠孩子自己就能解決，也不是講道理就夠了，而是需要家校共同找到方法去幫助孩子找到出口，並真實地支持孩子的需要，直到困難被移除、解決。

看過他們的做法之後，我們便認真地去學習兒研，並且在慈心每學期落實進行，我們邀請了國外的資深老師，帶我們一起深度認識孩子，從媽媽懷胚胎開始，一路來到我們學校之前的生命歷程。兒研不僅幫助了孩子，也幫助了我們團隊的建立，是凝聚我們學校團隊的一個核心做法，也是很重要滋養我們的養分，到現在我們都還持續在做兒研，從幼兒園做到高中，它已經成為慈心每一位老師很重要且必須發展的專業。

進行兒研的時候，是由父母、老師，以及周邊的人一起來參與，孩子不會在場，至少會進行三週。第一週參與者先提出對孩子好奇的部分，以及對孩子的客觀觀察描述，再由父母講述孩子的生命史故事，看看孩子是什麼樣的狀態。結束之後，每位參與的人，每天會去看看這個孩子，但不可以矯情地去跟孩子互動。每天睡覺以前，參與兒研的人都會冥想這個孩子，給孩子一點祝福。

然後在一星期後的同一個時間，我們針對這個孩子進行第二次兒研。這次除了分享前一週與孩子的互動轉變，也開始讓所有老師客觀地去描述他們所遇見的這個孩子。例如：這個孩子的頭髮又黑又粗，或是又細又紅。皮膚的色澤、身高、體質、走路的樣子、吃飯、說話的樣子等等。每位老師看到孩子的樣貌不盡相同，這時候會看到不同的觀點，你之前沒看到的地方，但別人看到了，會有不同的「看見」。

第三週會請帶他的老師和爸媽說說這個孩子遇到的困難是什麼，辛苦的地方在哪裡。然後請所有參與的老師從他們的生命經驗，或是跟這個孩子的互動，給一些建議。因為你沒有真的「看見」，你的建議給不出來。老師本身也從觀察、敘說與冥想的活動裡，培養一種對孩子更寬廣、敏銳的心。這三週我們都會為這個孩子冥想、祝福，並且幫助大家更清楚了解這個孩子。

生命能量的流動帶來了溫暖

我印象非常深刻的兒研個案是兩個小男孩。其中一個小男孩，臉色每天都是蒼白的、手腳是冰冷的，非常瘦小。他已經中班了，每天來學校都還要包尿布，因為他隨時都在拉肚子。另外還有一個孩子，只要吃東西就吐，什麼東西都不吃，非常偏食，就只吃白飯跟荷包蛋。他阿嬤中午會送便當來，裡面就只有白飯跟荷包蛋。這兩個孩子都是有很鮮明的生理反應。

針對這兩個很瘦小的孩子，我們做了兒研。我們請爸媽把孩子來到學校之前的照片帶來，然後請爸媽說說孩子的故事，包括懷孕時的狀況，孩子生病的狀況等等。有的父母甚至會從他們如何談戀愛說起，一直談到他們的家庭史，很客觀地描述孩子來到學校之前生長的故事。假設兒研是下午四點半開始，我們四點十分就會開放這個場域，讓參與的老師都來看看孩子的照片。我們彼此不交談。接著開始的時候，我們會朗誦一首詩，帶著很虔誠的態度在做這件事情。我們會去了解這個孩子的生命史，了解這孩子來到這個世上、來到我們眼前的歷程，我們用很誠摯的心來跟這個孩子的生命相遇。

這兩個孩子，其中一個吃東西就吐，一個整天拉肚子。他們的父母在參與了兒研之後都哭到潰堤，因為他們沒想到學校的老師竟然比他們更了解自己的孩子。他們也看到了：「原來我疏忽了什麼地方！」爸媽會更知道孩子的需要在什麼地方、他的困難在哪裡，進而想出更多方法幫他排除困難。老師也是一樣，而不會一看到這個孩子，就想到又要幫他洗屁股了，是很大的挑戰和負擔。

最重要的是，在兒研一兩個月以後，這兩個孩子原有的困難狀況都沒有了。那股神奇的力量讓我們知道，上天在幫助我們好好陪伴孩子。以前，媽媽有時工作很累回到家，面對孩子不停地拉屎拉尿的狀況，晚上氣起來，就把孩子關到廁所裡。不是不愛孩子，而是被折磨到不知道該怎麼辦。父母跟老師在情緒裡面就沒有辦法看到孩子的困難跟需要。在做過兒研之後，我們幫助老師跟父母找到不同的方式，找到「我的溫暖是可以帶給孩子的」，讓孩子真正接受到關愛。從成人的生命能量裡面，給了這個孩子溫暖。這種生命跟生命的流動，改變了孩子身體的溫度。

兒研的效果，常常在一個禮拜之內就看到了孩子的改變，所以我們愈來愈相信，靈性世界是跟我們一起工作的，個人的極限是可以交託的。要做到有效果的兒研，從老師的培養開始，就要對人類的生命、對兒童的發展有一套觀察的方式。例如：對於人智學所談到的人的四體，新陳代謝系統的發展、神經系統、呼吸系統、十二感官的觀察等等。再來就要觀察孩子與生俱來的天賦能力，以及每個孩子的天生氣質。如果能夠全面地觀察、了解孩子，我們就能意識到，即使是一個多重障礙的孩子，也是一個值得感謝的生命體。就像人們常說的：「一枝草，一點露。」只要我們能夠看到那「一點露」，就讓這「一點露」好好地發揮吧。

人智學所談的「人的四體」6

魯道夫・施泰納描述人類的四種本質身體，包含物質身、生命身（以太體）、星辰身與自我體。

以上四體也是個體生命從〇～七歲、七～十四歲、十四～二十一歲的各別發展重心。二十一歲時是一個人的成年，他對自我能夠更成熟地掌握。

華德福教育是在四體發展的各個階段分別著重於意志、情感、思考的培養。

6 資料來源：《辦學作為一種文化社會運動：慈心華德福社群建構與新公民意識的崛起》，張純淑著，頁 54-55。《從靈性科學觀點看兒童教育》，魯道夫・施泰納著。

人智學看待生命包含整合與平衡的觀點，邁向健康與自由的華德福教育，是順應不同生命發展階段投入其合適的教育泉源。

	觀察面向
	客觀的外在 身高、體重、體型 身材比例 頭大／頭小 五官及比例 髮色、髮質粗細 先天性疾病或發育缺陷
	整體的精神狀態 （精神抖擻或無精打采？） 皮膚、唇、頭髮是否偏乾？ 過往病史 身體健康狀況；生病經驗； 特殊疾病；過敏狀況 門牙換牙開始時間 / 速度 第一小臼齒（單邊的第六顆牙） 是否出現？時間點？

人的四體評估表

	重點發展時期
物質身 （Physical body）	物質身的誕生，是從媽媽的肉體中獨立出來的時刻，出生至七歲為物質身最活躍的時刻，也是生命身的孕育期。
生命身 （Life body） 又稱以太身 （etheric body）	生命身的誕生，彰顯在換牙的時刻。七至十四歲為生命身最活躍的時刻，也是心魂身的孕育期。

	觀察面向
	消化系統：食慾、消化、排便是否規律？挑食？脹氣？痙攣？ 睡眠：週期是否規律，一覺到天亮 / 半夜會醒來？一天幾小時？幾點睡？ 若已有生理週期，是否規律？ 思考品質：記憶力、想像力、學習能力、學習表現
	手指纖細或圓短柔軟 身體姿態：坐、站、走、跑 身體重心位置：挺立 / 駝背 步態內八、外八 步伐輕快、沉重；速度快、慢 肌肉張力高／低 睡眠狀況：入睡、起床困難？ 過敏狀況 進入青春期（男生變聲／女生初經）的時間 內分泌：口水；排汗；排尿；頻尿、尿床 情感品質：內斂／活潑

	重點發展時期
心魂體 （Soul body） 又稱星辰身 （Astral body）	星辰身的誕生，彰顯在青春期副性徵的開始。十四至二十一歲為星辰身最活躍的時刻，也是自我（吾）的孕育期。

	觀察面向
	人際關係 行為反應 情緒：離斥感多／同理心多 情緒反應強度、頻率、模式、偏好
	體溫（手／腹部／腳；溫暖／冰冷） 整體姿態（挺立或駝背） 眼神 說話／聲音品質：音量、音調、流暢性 意志力品質 進取心 自信心 自我要求／責任感 道德感 界限（身體界限、人我界限） 自我認同 語言／文字使用

	重點發展時期
自我（I） 又稱「吾」	自我的獨立，自我教育的旅程從此開始。溫和而堅定，守護人我界限。

華德福教育的十二感官理論與四大氣質[7]

不同於大家所熟悉的身體五種感官，施泰納發展出一套十二感官的理論。

施泰納認為，教育本身就是一種療癒的過程。從事教育工作者所需要做的事情，是在孩子還沒有生病之前，帶領他們過健康的生活，讓學校成為一個使人健康的場所。教育做為預防醫學與發揮療癒作用的這個概念，在華德福教育裡的許多課程中都可以看得到，其中有很多都涉及到十二感官理論的應用。

這十二種感官包括了：

觸覺

負責的器官：皮膚

傳達的感覺：有形、有界限與有保護膜的感覺，對物質身體界限的意識，界定自己和非自己。

照護孩子應抱持的態度與建議：溫柔、關懷、關心。在獨處與保護之間交替，放手與擁抱同等重要。尤其是在嬰幼兒期，應創造遊戲空間與遊戲角落，讓孩子可以不受阻礙地活動、觸摸、探索與發現。

有害的影響：碰觸變成傷害界限的侵犯；未尊重孩子身體。

生命覺

負責的器官：自主神經系統（特別是交感神經系統）

7 參考資料：《辦學作為一種文化社會運動：慈心華德福社群建構與新公民意識的崛起》，張純淑著。《邁向未來的教育》，米凱拉．葛羅克勒著。《從靈性科學觀點看兒童教育》，魯道夫．施泰納著。

傳達的感覺：感覺到身體的需要，例如：感覺到肚子餓了、需要喝點水，或是感覺到有點累、有點不舒服。或感覺到住在自己的身體裡很舒服、很安適。

照護孩子應抱持的態度與建議：耐心、信任、信心、溫暖。規律的每日流程、明確的生活氣氛、讓孩子經驗何謂「適度、適量」與正確的時間點，體驗和諧的秩序、愉悅的進食。

有害的影響：爭執、暴力、恐懼、匆忙、驚嚇、不滿足、無節制、緊張、混亂。

運動覺（本體動覺）

負責的器官：周圍神經系統（末梢神經系統）

傳達的感覺：本體感受——對身體本身運動的感覺。感覺到我可以移動我的身體，可以掌握自己的身體，可以獨立行動。

照護孩子應抱持的態度與建議：靈活機動的，活潑的感受和參與感，設身處地讓孩子和外界建立關係。定期與孩子共同觀察大自然、散步，和孩子充滿想像力地回顧和詢問共同經驗過的事物。將兒童的房間布置成所有的東西都可以碰觸，讓他們可以自由遊戲。

有害的影響：經常要求孩子依照既定的規則或禁令。學步車這類器材無法幫助孩子學習走路，反而會剝奪他們靠自己努力和能力所得成果的喜悅。

平衡覺

負責的器官：半規管

傳達的感覺：對直立狀態的覺知，以及和外在世界的關係。平衡的經驗。

照護孩子應抱持的態度與建議：多從事移動的遊戲，例如：翹翹板、踩高蹺、跳躍、跑步的活動。與孩子互動要帶著平靜與安全感。成人要努力追求內在平衡。

有害的影響：缺乏運動。內在不安、沮喪、聽天由命、厭世、躁動、孩子所處的環境存在內在的撕裂。

嗅覺

負責的器官：鼻子

傳達的感覺：直接與外界氣體相聯繫的感覺。

照護孩子應抱持的態度與建議：耐心與同理心。讓孩子實地感受植物、食物、城市與鄉村中差異化的嗅覺經驗。

有害的影響：空氣不流通的空間、引發噁心的印象與行為舉止。

味覺

負責的器官：舌頭

傳達的感覺：品嘗到食物的滋味。對人與內在、生活環境的品味。

照護孩子應抱持的態度與建議：提供可以探索的環境。美好的經驗分享。透過烹調的方式呈現食物本身的味道。具美感的環境設計。學習「品味」人事物。

有害的影響：濫用調味料、人工香料，使得每樣東西嘗起來味道都一樣。沒品味的評論、不恰當的行為舉止、缺乏美感的環境。

視覺

負責的器官：眼睛

傳達的感覺：看／視覺空間的概觀。

照護孩子應抱持的態度與建議：耐心與細心。注意到大自然細微的色彩差異，色彩和諧的居家布置與穿著。

有害的影響：刺眼的色彩、無色彩的單調環境、濫用電視與3C產品、陰沉的氣氛。

溫暖覺

負責的器官：以心臟為中心的循環系統

傳達的感覺：平衡身體內部和外部的溫暖和寒冷。感覺事物的內在是冷的、還是熱的，溫度如何。

照護孩子應抱持的態度與建議：溫暖、包覆。維護身體的溫暖，包括手腳。符合天氣溫度的穿著。

有害的影響：不符合生理需求的加強保護方式。冰冷、無個性的氛圍或是誇張、虛假的「親切」。

聽覺

負責的器官：耳朵（特別是耳蝸）

傳達的感覺：區分噪音、響聲、説話聲和音樂的音調。聽到他人。

照護孩子應抱持的態度與建議：説易懂的話。對孩子發出的聲音有所反應。耐心傾聽。

有害的影響：聽覺負荷過大，尤其是媒體所製造的聲響（過大、過快、過長、沒有個性）。

語言覺

負責的器官：錐體束系統／丘腦系統

傳達的感覺：識別話語和手勢含意的能力。

照護孩子應抱持的態度與建議：注重教學的韻律與節奏。大自然土水火風的元素注入孩子的學習環境。

有害的影響：話語與行為不符。冷淡、心不在焉的談話。

思想覺

負責的器官：副交感神經系統——迷走神經

傳達的感覺：理解話語背後蘊涵的思想。

照護孩子應抱持的態度與建議：幽默的對話。有品質的說話。共同創造美好的經驗記憶。

有害的影響：混亂、不協調的思考，受到情緒影響扭曲意義關聯性。

自我感（人我覺）

負責的器官：以頭為中心的靜止狀態全人，或整個人的存在（不只是物質身體）

傳達的感覺：覺知到別人的自我，感覺到別人的存在、感受。

照護孩子應抱持的態度與建議：為孩子創造學習機會，養成同理他人的能力，真正地覺察到他人。

有害的影響：缺乏興趣、漠視，與虛擬世界互動，無法提供真實的互動經驗。

人智學中所談的四種氣質 8

人類有四個組成體，是人的本質組成要素。當自我體占優勢時，出現火相氣質。當星辰身主導時，我們看到了風相氣質。以太身占優勢時是水相氣質。當物質身凌駕其他組成體時，我們就看到了土相氣質。

對火相孩子教育的關鍵，是對自然的威信產生的尊敬與敬重。應該要強調的是，他對老師的能力有著一種不可撼動的信任。對於孩子周遭所發生的事，老師必須顯示出一種了解。火相孩子需要對一個人的價值之尊敬與敬重。

---

8 引用自《日常生活裡的人智學》，魯道夫·施泰納著 財團法人人智學教育基金會出版。

與風相孩子相處，我們的途徑是對某個品格的愛。可透過審慎的計畫，去獲得一些只需一小段時間的專注力經驗。以這樣的方式來運用思維，就算是在最微小的事物上，也能產生需要的結果。

對土相孩子來說，重要的是老師是哪一種已然經歷生命試煉的人。孩子必須感覺到老師已經知道真正的苦痛是什麼。對他人命運的同感，增益了土相孩子的發展。孩子學習到有能力去看見生命中的確存在著苦痛的客觀性。

對於水相孩子來說，擁有玩伴是一件特別重要的事，這些孩子的玩伴們應該有著最廣泛的興趣。水相孩子是藉著分享興趣來學習。

每一個人會有一種基礎的氣質，其他三種氣質會以各種程度參雜混合。

在教育方面，一定要仔細關注個別氣質，因為當它們在孩子內在發展時，特別重要的是要能去引導並且指引它們。讓我們擁有這種務實的智慧，學習去解答那基本的生命之謎——另一個他人。我們在日後的生命中改善自己時，引導氣質的努力就相當重要。不同的氣質讓所有的多樣性、美以及生命的完整性變得可能。

營造健康社群，活出每個人的力量

還記得，有一回我去紐西蘭拜訪華德福學校的時候，沿路開車過去，發現那片海岸很像台灣的東海岸，天氣晴朗的時候，海面上到處都是帆船，景象非常漂亮。當時我就在想，我們也一定要來發展帆船運動。沒想到，這個夢想後來真的在慈心實現了。

慈心在籌辦小學的時候，有一個很清楚的辦學圖像，就是「以學校做為健康社群的種子」。這個圖像、理念的落實，要透過家校的關係、親師的關係、教跟學的關係，以及教師的文化、組織的運作來落實。在這樣的理念之下，家長會的組織要跟傳統的家長會很不一樣。過去家長會的主要功用就是出錢，而我們需要錢，也需要人，更希望家長會的組織運作跟學校教師的文化可以相輔相成。在慈心，家長不僅透過學校規律的四季節奏、各種節慶活動，能夠參與、貢獻、創造，很多家長更成為營造健康社群的靈魂人物。以帆船社為例，就是一個非常成功的社團。

慈心帆船社的靈魂人物，是我們現任「人智學教育基金會」的董事長江志宏和他的太太李佳玲。他們的兩個兒子從小受父母的薰陶就喜歡運動、音樂，並且喜歡非洲鼓。夫妻常常帶孩子到冬山河玩帆船。後來兒子的同學也想玩，便聚集了一群孩子，一屆一屆地玩下去。宜蘭玩帆船的條件非常好，除了冬山河，還有蘇澳豆腐岬可以出海。他們愈玩興致愈高，就開始去參加比賽。經過這十幾年，慈心帆船社在每年賽事都有非常好的表現。好幾個孩子從玩開始，後來變成國手，甚至成為教練。

參與慈心帆船社的家長，不管是提供點心的、陪伴孩子的，晚上都會經常聚在一起談論很多事情。很多家長要教孩子玩帆船就說：「那我們就自己來學！」於是有家長去考教練執照。一直到現在，每個星期六、日，在冬山河親水公園和蘇澳豆腐岬，都還可以看到玩帆船的孩子和陪伴著他們的家長。

我們一直強調學校要成為健康社群的種子，是因為華德福教育強調大人要成為孩子的典範，因為孩子在幼小階段都是從周邊的大人模仿學習。這群參與帆船社的家長，不但愛玩，而且上進。他們會想著怎麼照顧孩子，然後又很認真地研究帆船運動。他們研究風力、動力、身體的協調……，這些都是中學的課程中會接觸到的內容。跟一般培訓選手的學校不同，父母是在陪伴孩子成長的過程中，因為陪伴的需求，自己也發展出第二專長、第三專長，變成了一家人的生活趣味與真實的技能。培養這些能力的目的也不是去參加比賽，比賽也好像是去玩一樣。他們就是玩出興趣、玩出能力、玩出專業。這就跟我們做中學、學中做的教育理念很像。

慈心帆船社現在已經成立「宜蘭帆船學校」。江志宏的兩個兒子，現在都已經是教練了，繼續陪伴著新來的小孩子玩帆船。參與帆船社的家長，一路上陪著孩子，他們不僅照顧自己的孩子，也照顧別人的孩子，這就是我所談到的，健康社群裡的種種關係被細緻地連結起來了。

慈心帆船社發展得很好，後來家長們又發展出龍舟社。一群高中的學生和家長，早上會去練習划龍舟。龍舟社一開始的靈魂人物是「人智學教育基金會」的創會董事長蔣家興，他是一位牙醫師。我還記得學校剛轉型為公辦民營特許模式辦學時，辦學挑戰和募款都有很大的壓力，蔣醫師每當發現我們笑不出來時，常常會問：「你們累了嗎？不要擔心，我回去多幫人拔幾顆牙齒就好了。」我們就大笑。他帶著大家準備龍舟賽的時候，我也擔心他太累，他就說：「會啊，很累啊。可是我們學校營養不良，我要去賺一點營養費。」我們又笑了起來，因為參加龍舟比賽，只要從頭到尾參加就可以有八千元獎金。慈心龍舟社是一種凝聚大家的活動，而且還發展出很多延伸活動，我們的孩子趁機發揮了他們的藝術才華，自己動手製作了頭巾、打造了獨木舟，還製作了龍舟賽的划槳、設計了比賽的衣服和種種配備，更微妙的是在蔣醫師陪伴的團隊中，每個孩子與成人都受到他幽默的談笑風生薰陶，隊友間即便有不同意見在穿梭，仍是笑聲連連。

健康社群的營造，也包括我們用了很多方法支持有機農業和生機互動農業（Bio-Dynamic Agriculture，簡稱ＢＤ農業）。剛開始的時候，我們鼓勵農夫只要是無毒無化肥栽種的菜，我們全部都買。我們轉型做華德福教育之後，就開始吃有機的食物。後來，我們也開始推動從人智學發展出來的生機互動農業。早期從事有機農業卻失敗的案例很多，我們還是鼓勵這些農夫栽種，只要他們願意種，他們的菜都拿來給我們。我們的廚師挑選食材都很嚴格，所以買了十公斤有機蔬菜，挑去品質不佳的，到最後能給孩子吃的可能只有三公斤，可是我們還是一直這樣支持著這些農夫。

慈心剛開始公辦民營的時候，我們還舉辦了「大宅院市集活動」，希望鼓勵在地的農夫，也鼓勵大家吃在地的食材、分享生活創意手工藝術。那時在地農夫種植農產品很困難，生活與生存也很困難，我們就兩個星期舉辦一次這個活動，每次也都會有一個募款的主題，例如：為經濟有困難的學生籌募急難救助金等等。由於有機農業不斷地發展進步，我們從一位農夫到現在有很多農夫跟我們合作，支持了我們學校的營養午餐，從幼兒園到高中，全部都可以吃到有機的食物。我們非常感謝這些農夫，過去我們支持有機在地農夫，現在是這些辛苦的農夫支持著學生們健康的營養午餐，社群也能擁有健康的食物。

融入與穿出的民間社會力

華德福教育創始人施泰納曾說：「當每個人的靈魂映照出社群整體的樣貌，並且社群活出每個人的力量時，健康的社會就已成形。」這一直是我們營造健康社群的指引，並內外部同時併行。我們舉辦座談，討論台灣的教育危機、民間教改運動、成立「人智學教育基金會」的觀點等。這些都是為打造健康社群鋪陳準備，一步步伸出觸角，讓真實的需要被看見，用務實的做法逐步釋放民間社會力，讓一加一可以大於二。慈心便因前期這麼多的鋪陳準備，使社群文化跟親師能量逐漸擴散俱足。

我們融合教育、環保、生態，透過農夫市集、二手市集，促成家長參與轉化及共創。後來更透過校園節慶活動增加文化、藝術、節奏性參與，讓健康社群得以成形。二〇〇三年起，教育部推動永續校園計畫，我們提出了華德福校園生態觀、校園局部改造，連續三年得到計畫第一名、獲得獎金。第三年後，我們便帶領縣內學校一起經營永續校園，其他縣市的參訪也愈來愈多，這些都是教師文化和社群文化逐漸建構的結果。

健康社群的營造，也從校內延伸到社區。家長創辦的微型、微創商店非常多，這些商店配合孩子的作息，上學時間開店，下午三點半放學回來就打烊，週六日不營業，跟一般店家很不一樣。很多家長受到華德福教育理念吸引來到宜蘭，有些是返鄉第二代，有些則從台北搬來。有的開餐廳、麵包店，也有人當農夫、開獨立書店。其中有許多人曾是城市裡的上班族，但隨著孩子來到慈心，他們也在新的健康生活方式和工作中找到平衡。例如：冬山「飛魚食染豆花店」店主本來在基隆開飲料店，為了做出改變，現在的豆花外帶以玻璃瓶裝，歸還後退押瓶費的方式經營。這是意志帶來行動的改變。

在羅東成功國小日式古蹟建築經營 Moku 書店的老闆，也是慈心的家長。他在冬山長大、台北工作，回來開書店是為了「賺一種生活」。這些都屬於小鄉、小國的微型創業。大家有共同的理想，一起過質樸的日子；我們吸引人進來，也傳達理念出去。現在常有阿公阿嬤來牽著我的手道謝，說若不是因為這所學校，孩子們也不會回來宜蘭。現在三代同堂，家變得溫馨熱鬧了，真的很感恩！

健康社群的營造，不僅多了很多微型商店，當少子化使其他地方人口減少時，冬山鄉反而人口不斷增加，還多了一席縣議員。這一切的成果都讓人了解民間的力量要好好善待利用，家長就是不可忽視的社會力。

什麼是生機互動農業

生機互動農業（Bio-Dynamic Agriculture，簡稱ＢＤ農業）起源於一九二四年，當時歐洲一群農夫發現土壤生命力下降，於是向施泰納請教改善的方法。施泰納為這群農夫進行了八場演講，這些演講的內容後來成為了生機互動農業的基礎。

生機互動農業強調敬天愛地的精神，農夫在耕種時會配合地球、太陽、月亮，以及行星運行的變化，據此決定耕作的種類和播種、休耕的時間。所以生機互動農業不僅僅是有機的，還涉及到宇宙、地球和耕種者精神實體的互動作用。採用生機互動農法的農夫會使用一些來自植物和礦物元素獨特的配方，啟動土壤裡的生命力，達到光與熱的平衡。生機互動農業不僅重視農作物的品質，也在乎土壤的照顧與療癒。整體來說，生機互動農業是一種結合了古老農耕智慧與天文、科學知識，以及靈性修維的農法。採行生機互動農法的農夫可以說是跟整個宇宙一起工作，期待能帶給生命和土地健康和源源不絕的能量。

自助、人助、天助

從慈心開始公辦民營的第一年，就不斷有家長要我們繼續往上辦國中。當時我還在校長任內，有一天我去辦公室，看到一疊信放在我桌上，六年級班上的每個孩子都寫了一封信給我。我問那班的導師：「為什麼要孩子寫這些信呢？」結果老師說：「我不知道啊！是孩子自己寫的。」我把信打開，上面寫著：「你一定要想辦法辦國中，因為我們相信你一定做得到。」那時我看了這些信很緊張，我們還沒有準備好要辦國中。我們能夠有小學，也是整整準備了五年，而且要有老師才能夠辦得起來。可是這些孩子比我還清楚，華德福教育是可以一路辦到高中的，因為國外學習華德福教育回來的老師，會把整個華德福教育的大圖像講給家長聽，家長聽了就會要求學校應該要延伸到國高中。

那段期間，家長每天晚上會相約到不同人的家裡討論籌辦國中的事情。我一直堅持，第一、老師的人力如果沒有培育好，是絕對不能辦國中的。第

二、沒有財力，要辦國中是不行的。當時我個人的財力已經全部都用盡了。我們就一直開會，直到第二十一次會議的那天晚上，有位家長說：「如果要辦國中，你認為要準備多少錢？」我那時候腦海閃過一個數字，我說：「如果沒有三百萬的基金來做師資的培訓，是沒有辦法的。」

這次會議之後，大概過了三天，有位家長來跟我說：「募到了三百萬！」是某個人出的，但他不講捐款人是誰，也叫我不要問。我們用這三百萬成立了一個管理委員會，負責籌辦國中。我們把這筆錢稱作「中學搖籃金」，由學校提出工作計畫，並推舉三位家長管理。至此我們才開始培育國中的師資、進行課程的準備，並且去參訪國外的華德福中學教育，一直到了二〇〇五年，慈心才成立了國中。

國中開辦的第一年，就有人開始提出想要辦高中，有些老師忍不住問：

「為什麼華德福學校就一定要辦高中？好像怎麼踩剎車都踩不住？國中課程都還沒發展、尚未反思，就要弄得人仰馬翻嗎？」也有些老師和第一班的家長很堅持華德福教育一定要辦高中，由於對是否要辦高中的意見產生了分歧，同事情誼也在此產生衝突分裂的狀態，我難過極了！

我們在國中第一屆學生要畢業的時候，經歷了一波人事的震盪。一些認為慈心應該繼續辦高中的老師和家長，帶著應屆的畢業生開辦了「碁石高中自學團體」。而我對於開辦高中這件事，則仍然堅持要有足夠的準備，因為高中需要更多專科的老師、人力資源，以及更多的財力資源，也必須尋求縣政府與縣議會的理解並通過縣府年度預算，還有相關法規等問題，在當時都是一項未知的重大工程，僅能沉住氣，不談對錯好壞，不解釋為何不支持，接受所有規勸和謾罵，靜默祝福當年三位老師和部分家長扛起相當艱難的高中自學團體，內心一再告訴自己守住情誼，只要是走在人智學的道路上，不管在哪裡、以什麼方式辦學，永遠是可貴的同事，更是生命中值得珍惜的緣分，我非常的感恩初始的相遇。

那時候除了籌辦高中需要財力，為了增建冬山校區的學生活動中心和新教室，我們也面臨了經費相當不足的困境。幸運的是，我們遇到了意想不到的貴人。二〇一〇年七月，適逢「人智學教育基金會」成立十週年，我們以投桃報李的心意在宜蘭舉辦了「華德福教育理念與辦學分享研討會」。在研討會的那三天，有一個人全程參與，我注意到這位來賓，他文質彬彬、很客氣謙虛，並且問了很多他很感興趣的教育議題，但他並沒有告訴我他是誰。後來我才知道，他是當時緯創人文基金會的執行長姚仁壽先生，他當時正在尋找台灣能充分落實人文、藝術、環境生態教育的學校，緯創企業早已長期支持荒野保護協會在台灣的生態保護，姚執行長就是在荒野協會湯譜生老師的建議之下，來認識慈心。

姚執行長認真聽完了那三天的研討會，便回去跟緯創的董事長林憲銘報告。林董事長聽完我們辦學的經過就說：「好，這樣的學校我們要支持。」後來他們捐給慈心七百多萬，補足了我們校區增建短缺的經費。對於緯創的大力支持，我們非常感動，而林董事長只輕輕地跟我們說了一句：「讓會賺錢的人賺錢，會做教育的人做教育，你不要放在心上。你們做的事情，我們想做也做不來。」我聽完，眼淚差點掉下來。這七百多萬對我們來說，是團隊鉅額募款的壓力。

面對圍攻

籌辦國高中的過程中，除了財力上的困難，尋找高中校地也遇到很多的挑戰。一開始的時候，由於當時南澳高中的校長游春生先生非常支持我們，我們也感恩他一路伴護慈心學校的成長，南澳高中有寬闊的校園空間，我們在二〇一一年便先與南澳高中合作，成立了華德福高中實驗班。所以在高中剛創辦的前兩年，我們的學生需要每天坐火車到南澳上課。後來，我們繼續尋找高中可使用的空間。當時宜蘭縣教育處的官員跟我們說：「現在少子化，國中要做一些整併，一定會有閒置空間。」可是我們等了再等，好難喔！

尋找高中校地的這個階段，我們過得非常艱辛，常常要面對某些議員嚴厲的質疑批判，也不時要面對某些團體的圍攻，匿名十大罪狀加諸在我們身上，我們的每一個動作，常常都被扭曲解讀，對我們的負面聲音被不實地放大。

實際上遇到的情況是，當時宜蘭縣政府曾找出三塊空地讓我們去看看如何規劃，但不少地方也想要接收這些空間去做點什麼；也發生在宜蘭縣政府盤點閒置教室時，很多公立國高中的校長都不想要一校兩制，還以為是我們不斷在跟宜蘭縣政府要資源；有些人甚至覺得我們什麼都要，「有了小學又要國中，有了國中又要高中……」。連輿論媒體也開始這樣報導，不少粗俗的謾罵蜂擁而上地形容我們「吃相難看！」，「身分證非 G 的都不是宜蘭人」，「圖利外縣市的人口」……，似乎有不少人都聽進去這樣的說法，我們大部分人都不理解到底怎麼了，我們如此認真辛勞的工作、低調行事，為什麼還是不斷被扭曲誤解，我們還可以怎麼做？難不成這就是體制外辦學的績效懲罰嗎？所以我那段時期裡外都非常不討喜，在宜蘭縣的教育環境中孤立無援，像過街老鼠。有些家長也被影響，我只能盡心力地約束我們的教師和家長團隊沉住氣，不用太多解釋，也不要覺得委屈。

我們鬆動了五十年不可動的傳統機制，我們也的確不是一百分的學校，怎能沒有疏失？何況在少子化趨勢下，我們卻年年在增班，不要怪別人不理解，我們也不能說我們是無奈增班。所以對內，我個人也被些許教師與家長錯怪，只能在夜闌人靜時反思自己今生的生命任務是什麼？有時也會不明白這社會怎麼了？想想自己原初的願望只是希望這輩子成為孩子的老師，在兩腳一伸時可以心安理得而已。

國中、高中的孩子都已進入青春期，身體都長大了，可是慈心的校舍沒有變大，反而有愈來愈小的感覺，我那時候非常地焦慮，曾經考慮，如果校舍問題不能解決，那高中只要一班就好了。可是那時候我們的國中部一個年級有三班，等於我們國中的畢業生有兩班的孩子得去他處讀高中，怎麼取捨是很困難的。我們一方面需要採用會考成績的那套辦法；一方面又要另外找專業客觀的老師來甄選。甄選的過程也很辛苦，每次辦完甄選，就會看到有家長、因為進不了慈心高中而哭，也有質疑只差〇．五分或一、二分的評分機制公不公平。

在我們四面楚歌，找不到合適的高中校地時，還被地方議員要求增加更多小學的班級，招收更多的學生。還好這時，我們遇到了剛接手台東均一中小學的嚴長壽先生，他當時也正在尋找一些典範學校做為均一辦學的參考。他聽說了我們實踐華德福教育的歷程，很想來認識我們，於是我邀請他來學校看看。他來訪的時候，是一個夏天的傍晚，我們正好在開教師會議。教師會議開始的時候，我們都會朗誦詩歌、唱歌、跳舞、分享。我們會先談談一些高興的事情，若團隊裡面有誰或家人需要關懷，我們就會有一個短短的時間為他們祝福。在這些活動的鋪陳之後，我們才開始議題的討論。嚴長壽先生看到這些景象之後，有很多的感動，開始跟我們學校有更多的分享交流與支持鼓勵，後來慈心跟台東均一學校成為非常友好密切協力辦學的校際夥伴。

在籌辦高中的那段時期，我們遇到了很多的困難，有太多的辛苦，連一向開朗正向幽默的「財團法人人智學教育基金會」董事長蔣家興醫師都辛苦地皺眉苦思出口在哪裡。雖然人智學教育基金會在蔣醫師的十二年帶領下，齊心努力克服種種困難，尤其在師資培育上的耕耘讓內部專業師資養成奠定了一個很好的努力方向，但外部對華德福教育的不盡理解，在溝通上的困難與錯綜複雜，使我們多次陳情說明困境仍難破冰。

在大家的默契與共識下，我便大膽拜會嚴長壽先生，邀請嚴長壽先生來協助我們，並接手擔任基金會的董事長。他思考了三天後，義不容辭地扛起了這個任務，並為基金會找來幾位德高望重、長期關心台灣社會、關懷教育的企業家和教育家來成為我們董事，也常常帶著他的社會賢達朋友到校參觀，給予學校夥伴很多肯定和溫暖，鼓勵夥伴要有自信繼續努力，台灣的教育本來就應該不一樣！他也陪伴我們拜會公部門和議員，由於嚴董事長長期從事社會公益，有很高的聲望與影響力，在他擔任基金會的董事長這段時間帶給我們很大的鼓舞和幫助，也讓我們不至於被外界的種種壓力吞噬。

真實的社會責任，是多方面的文化交織，而辦學要克服的諸多複雜狀況，只有直接和公部門簽下合作契約的基金會董事們清楚明白，真實的社會責任需多視角的工作交織。直到嚴長壽先生成為我們的董事長，與外部及公部門的緊張關係才逐漸舒緩，當時的董事在嚴董事長的帶領下才深深的呼了一口氣，再度整裝出發，繼續以往的無私奉獻，信任並支持教師團隊一起努力、一起護持學校的永續開展。

空間改造

二〇一四年，我們終於找了一處可以讓我們的高中上課之處。有一位慈心以前的家長在蘇澳國中服務，他來告訴我蘇澳國中有一棟閒置的教室，我們可以去爭取做為高中上課的空間。我剛好是蘇澳國中的校友，於是就很積極地去跟蘇澳國中的校長商議，讓我們自己來整修這個空間。最後，我們終於獲得宜蘭縣政府和蘇澳國中同意租借，但時間已經來到了暑假，我們只有七十一天的時間來改造，在開學前把廢棄空間重建為可用的教室。

我們在蘇澳國中爭取到的教室已經有四、五十年的歷史，整片空間已經有二十幾年沒使用，屋頂殘破不堪，牆壁一摸，整片水泥石灰就掉下來，要在短短的時間裡把這裡改造成可用的教室，幾乎是不可能的任務。可貴的是，我們的老師發起「藝術勞動假期」，邀請大家來共同改造這棟老舊建築，號召了許多家長、校友和高中學生，全部都動員起來。

大家開始排班登記，每天早上八點報到，大家一起做完晨圈，就各自發揮長才幫忙做事。家長有的炒米粉來、有的帶點心來。會畫畫作木工的孩子和老師，把本來要丟掉的廢棄木頭做成書架、矮櫃子，非常漂亮。慈心畢業的校友也來幫忙清理，把已報廢的桌椅磨得煥然一新。那時是夏天，天氣很熱，每天下午都有家長送西瓜來給大家消暑。後來連幫忙我們工程整建的工班師傅都被感動，變成我們的好朋友，全力為我們趕工。就這樣，親師生群策群力，七十一天之後，我們終於把這個廢棄空間改造成煥然一新的教室，不但夠我們高中三個班級使用，原本的地下室還被我們整理成一個美麗的交誼廳。改造之後，我們做了展覽，對比原來的樣子跟改造後的面貌，大家都覺得不可思議，它成為廢棄空間再使用，老舊教室再賦予新生命的好案例。

二〇一五年，慈心正式改制為宜蘭縣立慈心華德福教育實驗高中（附設中小學），成為全台灣第一所從幼兒園為起點、串起了實踐十二年一貫公辦民營的實驗學校。回想這一步步走來，慈心小學從五個孩子、七位老師開始，至今發展成十二年一貫的學校，學生人數將近千人、老師超過百位，這段過程雖然困難不斷，但往往在每一個關頭，都有貴人相助，有老天護持。跟我們接觸頻繁的前宜蘭縣教育處長文超順曾公開地說：「慈心這所學校是一所『自助、人助、天助』的學校。」而我也深有同感。因為我們「懂得自助、人家就願意來相助、天也就來給助力！」因為我們的社群文化跟教師團隊文化已經形成並真實存在於蘭陽平原上，所以我真心地相信，這所學校一定可以開花滿天香，結籽才驚人，循環永續存在。

華德福教育十二年一貫的課程理念與圖像[9]

十二年一貫的課程圖像

華德福教育根據人智學創始者施泰納博士的七年發展論，依循兒童發展階段的特質，平衡地培養身體、心靈與精神能力，華德福教育的課程設計也依此對應於人類意識演化的歷史發展脈絡之上。教材內容涵蓋廣泛性知識範疇，以及實用性的技能、手工藝術等，並盡可能地以富啟發性和想像性的方式教導所有的事物。華德福學校的教育課程，是基於人與世界的「整體關係」，以及人的發展歷程為核心概念的「完整課程」，所以每個課程主題都融合了

9 資料來源：慈心華德福辦學計畫書

自然、人文與藝術。

小學到中學階段是孩子開始發展情感，以充滿想像力與敏銳的心來感受世界的時候，因此老師在不同的課程中皆以故事、詩歌、音樂、律動、遊戲、繪畫、戲劇表演等方式來激發孩子對學習的興趣、深度的感受與創造性的想像空間。

相較於低年段時期對意志與情感的培養，「科學的態度」是華德福高中階段（九～十二年級）教育的重要核心，嚴格說來，只有透過「科學的態度」才能獨立自主地判斷一個問題。在自然科學領域，老師和學生要不斷地做各種實驗與嘗試，且盡量精確，所有的推論都必須以「實際觀察」為指標；而人文相關課程，幫助學生克服個人的好惡，並傳達「對人類命運的『感覺』應建立在自己的『理解』能力上」。這些看似是思考教學，實則是自由的基礎。

課程綜合目標

- 提供高品質的教育，培養我們的孩子成為一個身心平衡的成熟個體，能發展為具有清晰思考、靈敏感覺和堅強意志的人。
- 鼓勵孩子喜愛學習，使其成為一個有道德意識、能實踐善、欣賞美、追求真理的人。
- 提供學生廣泛而必備的知識與技能，使他們未來能貢獻社會。
- 提供學生做人的典範和價值判斷的能力，使他們能夠找到人生的方向。
- 鼓勵學生對世界保持健康而正向的好奇，提升每個個體之間的責任以及對社群和人類的愛。
- 鼓勵孩子發展精神層面的感官，同時也能健康地對物質層面產生敬意。

教育理念概覽

華德福教育的中心思想根植於魯道夫．施泰納的人智學，由於人智學對人類生命本質有全面而整體的了解，因此，華德福教育具備格外豐富的特色和無限的開展空間。它的意義在於尊重每個人的完整與獨特性，嘗試帶給孩子能彰顯他們生命各階段轉變的教育。這是進入童年本質的旅程，同時也延伸到完整的人，還包括環繞在我們四周的多樣和豐富探索。它是人類本質中身體、知識、心理及精神性的相互作用。

邁向自由之華德福教育，以探詢人與內在生命的關聯作為教育的路徑，教育場域中所依循的法則是「要認識及體驗孩子所需被教導的本質性內涵，及提供孩子示範性的圖像。教學的本身需是具藝術性，而非理論性的內容」。於是在教育課程的規劃上，基於人與世界的「整體性關係」及以人的發展歷程為核心概念的思維下，每個課程主題都融合了自然、人文與藝術。透過整全一貫藝術化課程、學校自然環境的規劃，與教師專業自由的條件（自主的學習型態組織）及內化的藝術能力，編織出可以孕育創化生命潛能的沃土。

我感知我的命運，我的命運找到我
我感知我的守護星，我的守護星照耀我
我感知人生的目標，他們先後淬鍊我
我的心靈與這大千世界合一
生命的光輝日趨明亮
面臨的挑戰更加艱難
而內心也隨之豐饒

——華德福教育創始人 魯道夫．施泰納

第三部

走在人智學修行的道路上

磨合的眼淚

創校之初，慈心的同事很多都是我兒女輩的年齡，這是一個很特殊的狀況。在一般的學校，同事之間可能年齡差距沒有那麼大。我是創校校長，包含公辦民營的前幾年，乘載了七年在校內沒有垂直式的組織模式——我們嘗試著經營一所在校內「沒有校長」的學校。對外要代表學校發言、負起直接權責的校長，對內要經營運作「教師治校」的理想組織，這樣的組織模式在台灣前所未有。

當年我們內部組織也僅只在理想層面摸索打轉，希冀打破顛覆一言堂的組織管理模式，實際上要負起的責任包括日常的柴米油鹽醬醋茶，和處理不完的內、外部溝通協調。可以想見，當年哪有可能優游自在做自己？團隊不停地在各自表述的認知裡經驗衝突、討論、溝通……而後微調改變。這也可能讓公部門或公立學校的校長甚至民意代表覺得不可思議，或令他們無法從各自經驗中理解，因此感到擔憂或不屑，甚至表明這學校的行政效能太差了。

外部不容易看到我們師資人才培育的養成方法，猶如古代養士三千的心量承載。有的人會很肯定我們，認為我們自助、人助、天會來助；有的人則會用很揶揄的口氣，說我們老師一排站出來，光看學歷背景就嚇死人，是一群思考敏捷，但行動緩慢的人。言下之意，是認為我們都在自己的小框框當中，這就是外部對我們常常會有的看法。

早期參與慈心創校的老師之所以會來，基本上是因為他們有個性、有理想。這樣的條件是很難得的，感謝都來不及。但也因為這些老師都很有個性，所以磨合的難度也很高。尤其是剛開始學習華德福教育的共同理論時，往往在討論的場合裡，大家對華德福教育無法馬上就能認可或了解。例如：我在師專學到的感官，就只有五個感官而已，但華德福教育談十二感官的發展與照護。我在師專所學的教育，也沒有談到孩子的氣質，就只是把孩子歸類成好動跟不好動的孩子，在智能發展上分成資優跟弱勢的孩子，這樣近乎兩極的分類法。因此在學習華德福教育的過程中，我和老師們需要有很多的研討、練習。雖然慈心小學剛開始的時候，我們只有少少的七位老師，加上志工和我，大概也只有十個人左右，但因為大家都是有理想、有個性的人，要一起工作其實是不容易的。

我就遇到過這樣的情景，我和七位老師坐在客廳裡，七、八個人在討論課程的過程中，生氣的生氣、哭的哭……。從國外留學回來的老師，會說華德福教育在英國都怎麼做，在美國有哪些選擇，所以我們要怎麼樣做。從公立學校經驗出發的老師，就會說過去是怎麼樣，所以現在要怎麼樣。飽讀詩書的老師則會引經據典地說該這樣、該那樣。然後從經驗出發的老師就會質疑：「你們說的都對，但怎麼做？」

這些討論包括：「台語要不要教怎麼寫？要不要教怎麼讀？」有一次討論的過程中，被挑戰最多的，就是那位談論世界各國教學經驗的老師，大家都針對著她發言，因為大家還沒有真正進入完全的學習，老師對於世界各國的教學也還沒有清楚的圖像。這位老師本來盤著腿坐著，看到大家一直針對她，她就站起來說：「你們這樣，我沒有辦法講下去！」然後手一拍，眼淚就掉了下來。突然間，大家都僵住了。

那時候他們都叫我大姐。他們就說：「大姐，現在要怎麼辦？」我就說：「那散會吧。明天這個時間再來。」結果，隔天再來的時候，誰都不說話，因為怕說了會得罪誰。我就問：「誰先開始？」大家竟然異口同說：「大姐，你說吧。」我就說：「好，那我們回到孩子。孩子需要這麼多的學問、知識、背景來做支撐嗎？我們可不可以從唱歌開始？從講故事開始？」他們就說：「好！」這也是奠定了我們後來每次在做課程設計的時候，都會先回到孩子的需要，而不是憑著個人的專業、經驗、個性或喜惡來探討發展。

這些創校時期的老師都是各據一方的人才，有閱歷半個地球留學回來的、有台大研究所畢業的，這種衝擊和磨合在我們創校的初期非常多。進到公辦民營階段，加上公部門的要求，這種衝突和磨合也沒少過。

等到我們慢慢從草創期進入第二階段的時候，我們有很哲學性思考的老師，也會有些人在我們講到東的時候，他老早就飛到西了，還有些人是要慢慢琢磨的，我們的會議都不知道已經討論到民國幾年了，他還停留在民國前。這種需要互相調適、彼此磨合的情況，在學校發展過程中的每一個階段都真實存在著。

要化解這些互動合作上的困難，學校團隊的培訓養成就需要包含很多的層面。除了在職老師的培訓，我們的行政也都至少要兼一堂課，他們要跟孩子有互動，也要進入師培的體系。行政的同仁在這體系裡所要學習的是行政的藝術，並在不斷對話再對話中學習善用會議、學習尊重會議決議、賦予會議生命，他們要培養出足夠的寬度跟深度，去接納不同特質的老師。

慈心的老師們通常都是埋頭苦幹，面對著孩子的問題、備課的問題、親師溝通的問題、學校整體活動業務的分攤等等，經常讓我們的老師忙到沒時間吃飯。有幼小孩子的老師，我特別覺得對不起他們，因為他們的孩子常常都在辦公室門口等爸媽一起回家，我常會笑著說：「對不起喔！等我退休之後就回家煮飯給大家吃好嗎？」

慈心的團隊就是這樣，我們常常很像家人一樣幽默對話，點滴之中讓大家有一些溫暖，相互支持這個團隊認真工作之餘，也希冀能夠充實地過好珍貴的每一天。

共創一座
美麗的花園

慈心剛開始要推動華德福教育的時候，真的不知道夥伴在哪裡，我就像撒種子一樣，到處去演講、上課、舉辦論壇，看看會不會遇到知音。感謝當年余若君、張宜玲、詹雅智等在英國深造的留學生回國一起協力辦學開創，我們才遇到了創校階段的第一批老師。後來慈心公辦民營的模式底定，我們便意識到師資多元化的培訓是必要的生存條件。當時雖然有很多所謂的流浪教師，但是要遇見適合來慈心的老師卻不是那麼容易的事情，也不是三言兩語，或是把框架訂出來就會選到需要的人，所以我們在尋找老師的時候都會有一個共同學習，或是類似給新手教師一段試用時間。演化到現在，我們有見習老師、儲備教師的執行辦法，他們都要經過進班見習、進班做回饋等過程，這是我們的前置作業。

在慈心，師資培訓的基本架構包括：理論的基礎、實務課程、藝術、科學、宗教精神的鍛鍊、自我內在的鍛鍊，真正去貫穿教育整體的需求。

科學的鍛鍊包括了兒童研討、歌德觀察法，觀察外在表象行為跟背後存在的意義。

宗教精神的鍛鍊不是在談個別的宗教，比較接近基督精神的培養，因為信念在人的發展歷程中有重要的影響。例如：宗教會談到人類的演化，我們會把歷史、地理、社會都融入進來，所以華德福教育是一種統整的教育。

另外，藝術的鍛鍊對華德福學校的老師是很重要的。對於小學階段的老師，慈心會有藝術老師在放學後帶著所有的老師畫畫，包括畫黑板畫、畫濕水彩、做泥塑、做木工。對老師的藝術鍛鍊還有音樂、演說、戲劇、優律司美、木工……，這麼多的藝術鍛鍊，對老師內在的滋養和養成是很重要的。因為持續地鍛鍊，再不會畫畫、再不會唱歌的人，都可以幫助他們身心靈獲得和諧。例如：跳優律司美，沒經驗的人會以為只是在跳舞，其實它是在走幾何。優律司美是當年參訪華德福教育時很吸引我的一個項目，因為它包含數學、有藝術、有內在生命的探索。在跳優律司美的時候，你可以去感知自己像一片落葉憑空掉落下來的感覺，整個身體是放鬆的，會有很微細的覺知和感受。

這種種的藝術鍛鍊，都是一種創作，而創作是非常滋養人的，沒有對不對，也沒有好不好，而是能夠讓人自我滿足。師培真正的核心是要看見孩子、看見父母，也要看見老師的需要。而藝術能力的鍛鍊，可以真正滿足這三種不同年齡、不同角色、不同責任的需要。

華德福教育對老師做這些培訓，是希望發展老師的覺知能力，讓他們對人真正感興趣、有了解，這樣才能夠對眼前的孩子有深刻的認識，才能給他對的東西。你不能在孩子口渴的時候給他飯吃、在孩子肚子餓的時候，卻要他去喝水、要他出去玩。我們常常用大人的需要、大人的觀點，去做了很多這樣的事情。

老師心魂的鍛鍊

我們對於老師心魂的啟迪跟滋養，是透過從小我到大我、從主觀到客觀、從自己個人的內在到外在、從個人到團隊的關係，然後再看到整個社會的三元關係來發展的。這樣老師才會很務實地回到個人的層面，先自我定位「我是孩子的老師」，然後自我的認同會出現，並且認定這個工作跟「我的生命」是有直接的關係。自我認同出現之後，你會知道你為什麼要做這些事情、你為什麼要去教這些課，你會清楚知道眼前的目標在哪裡。

當老師能自我認同他是孩子的老師，衝突或困難出現的時候，他就擁有檢視的能力。檢視的能力不會因為個人個性的喜惡或習慣而受到影響。有了自我定位、自我認同之後所產生的檢視能力，就會讓人可以客觀地看到整體的互動。你會看到你也有要學習的地方，你也有要付出的地方，所以在檢視整體的時候，你就會去問：「我可以為現在這個狀況，或為這個孩子、這所學校、這個工作小組做些什麼？」

檢視的能力出來之後，可以找到哪些是你可以做的、哪些是你可以改變的、哪些是你可以付出的，以及哪些不是你個人的責任、而是要群策群力才可完成的。這樣一來，負面的埋怨、指責，都會被釋放掉。一旦具備這種能力，就可以進一步自我轉化。能夠自我轉化之後，很多的困難就一層一層地超越了，不知不覺中，你給出了一種正向的旋轉流動，也給周邊的團隊帶來正向的能量，並且共創出很好的合作空間。

所謂正向的觀點不能停留在自我安慰或麻痺中，而沒有真正地去接納。真正的接納會願意改變，改變會帶來陣痛，陣痛會給自己帶來麻煩，人性中的動物性依靠讓改變不是那麼自發，只有覺知意識會讓自己發現。如果只有你班上的孩子好，只有你很厲害，這是沒有用的，如果花園裡只有一朵花一枝獨秀，這座花園是漂亮不起來的。這樣的領悟就會把我們推向「共創」，也就是共同創造。對於老師的專業養成，我們就是要透過不斷地練習讓自己置身於團隊之中、又保有自己的自由意志。要做到這樣真的是一種修行，我學習華德福教育之後，很快就體認到——這是一條修行的道路。

什麼是歌德觀察法？

歌德（Johann Wolfgang Von Goethe，一七四九～一八三二）是德國著名的詩人、作家、思想家和科學家，他的著作《少年維特的煩惱》、《浮士德》是大家最耳熟能詳的作品。施泰納在大學時期就曾在老師的推薦下，開始編輯歌德在自然科學方面的相關著作。並且在一八九一年受聘於「歌德與席勒檔案館」工作，投入大量心力整理歌德的文獻。他深受歌德的科學研究方法與帶有靈性思維的自然觀與哲學所啟發，進而提出一套歌德觀察法。

歌德觀察法強調要放下主觀，放下個人的好惡，回到比較單純的狀態去觀察事物的本質。觀察者對於觀察對象要全然地開放、連結與投入。它不僅是一種科學觀察法，也是一種鍛鍊思考的方式。

歌德觀察法大致可分為四個層次：知覺（perception）、創象（imagination）、靈感（inspiration）與直觀（intuition）。

知覺（perception）：運用所有的感官，盡可能從各種角度觀察你所觀察的對象，客觀地描述，要避免原有的偏見與習慣的干擾。

創象（imagination）：感知觀察的對象如何成為現在眼前的這個樣子。例如：一株植物是如何長出葉子、花瓣等，這需要透過內在的想像力。

靈感（inspiration）：從觀察中獲得了一些靈感啟發、覺察出一些想法、概念。此時觀察的對象已經不限於原來被觀察的事物，還包含了觀察者自身。

直觀（intuition）：在這個階段，靈感會形成一種全然的了悟與洞見。觀察者與觀察對象合而為一。

透過歌德觀察法，可以了解事物演變的前因、當下的狀態，以及潛在的可能。它經常被用於觀察礦物、植物，也很適合用來觀察人。例如：老師在訓練學生運用歌德觀察法的時候，會讓學生去觀察一顆石頭或一株盆栽。觀察過後，請學生畫出來。當一個人在把觀察的事物畫出來之後，才會發現他到底有沒有真正地觀察，他也會發現自己看到的部分有多麼的主觀，這個過程就是要讓人透過歌德觀察法發展出覺察的能力。有了這樣的鍛鍊，當我們要觀察的對象是人，例如：觀察兒童，或是回溯自己的生命時，才有可能真正帶著覺察，去回溯這些事件。這些鍛鍊可以讓老師不會只憑著孩子的行為表象去斷定孩子的好壞對錯。很多衝突發生的時候，藉由運用歌德觀察法，可以讓人擁有更清晰的檢視能力，不會陷入互相指責錯誤的對立之中。

磨墨奉茶，
深入於無形的引領

慈心幼兒園轉型做華德福教育，老師開始要為孩子編織玩偶、玩具，不再買現成的遊戲器材；說故事也要改成口述，不再讀現成的故事書；老師不透過機器、錄音帶，用自己的原聲為孩子唱歌。我要做這些改變很自然，但要落實在別人身上並不容易。那時有些老師認為這些東西買就有了，為什麼要自己做？是不是想要省錢啊？這種負面反應在辦學的過程中從一開始就一直出現。我也一直在省思，如果只靠我一個人，最多就是帶一個班，如果真心想為孩子尋找更多可信任的大人，那我就必須成為一位影子領導人。但是這個領導人要有一個能耐：他在領導上必須是深入而無形的。對內要能做到每天日常磨墨奉茶，要能讓大家心甘情願一起學習努力；對外要願意誠摯哈腰、謙卑、說真話，並保有不卑不亢的態度。

辦學的過程有很大一部分是在凝聚內在組織。組織並不拘泥於一個固定形式，每一年都在形變。還記得慈心剛辦小學的時候，有很多外地來的老師，我都要先支持他們的食宿等生活所需，並陪伴他們備課。因為我們要幫老師移除他的困難，他才能夠移除孩子的困難，外部的人就可以看到這個老師的能力。我們就是這樣幫助、支持老師，這就是所謂的深入於無形，大家看到的不是我做了什麼，而是看到這個老師的能力和孩子的進步。

在對內耕耘組織文化的同時，慈心也一直在對外做鋪陳連結，希望可以促進社會力的展現。英國愛默生學院（Emerson College）的教授約翰．湯姆生（John Tomson）是我學習華德福教育的啟蒙老師。我在一九九五年六月邀請他來台灣舉辦了一場「世界幼教趨勢與台灣本土經驗」研討會，讓實務與理論可以真實對話，希望各地有教改意識的人可以相遇，讓教改力量可以匯集。結果活動辦完，我就幸運地找到了慈心小學的第一批老師。湯姆生教授在那場研討會之後，還繼續來慈心幼兒園住了三天。他每天早上九點就開始跟我談天，一路談到晚上十二點，每間教室都進去仔細地查看。在回英國前，他正式對我提出邀約，問我要不要轉型做華德福教育。這是我後來在一九九六年將慈心轉型為華德福學校的一大動力。

一九九九年籌辦慈心小學的時候，我們也承辦了亞太地區人智學年會及全球華德福教育圓桌會議。年會在十一月舉行，台灣在九月發生了九二一大地震，我們的電腦全都當機。當時我們很擔心年會是否能夠辦成，國外的朋友會不會嚇到都不來了。結果地震大約三天之後，我們打開電腦，來自全世界各國華德福教育夥伴的慰問如雪片般飛來，關心我們的狀況。那次年會來了二十四個國家的人，包含教育、農業、醫學、藝術家、營養師各領域的專家出席，參與狀況非常熱烈。年會之後，我們正式獲得全球華德福教育組織的支持，每年都有華德福教育資深老師來為我們做培訓。

推動慈心公辦民營初期，我同時也在推動宜蘭社區大學的成立。我們這一代有很多人因家境困難沒有機會讀書，退休之後想要學習。社區大學的理念就是希望民間健康的「庶民文化」得以發展，社區大學的成立也是發展社會力的一種做法，而我也在台北與宜蘭的社區大學講授華德福教育，讓更多人了解我們的教育理念。此外，慈心轉型做華德福教育之後，幾乎每一年都會辦成果發表會，讓所有的理念學校、實驗學校、家長可以來參觀交流。因這許多深入無形的鋪陳串聯，讓我們發展出更多的夥伴關係，也讓我們可以走得更穩健。曾有一位教育學者便認為，慈心這幾十年來可以穩健地實踐華德福教育，就是因為我們一開始就有開放的公共思維。

剛開始推廣華德福教育時，慈心有許多浪漫的人，我常跟夥伴們說：「不要離地三尺做人。」實踐華德福教育的時候不要看別人的不好，而要看到孩子真正的需要，並想辦法讓這些需要被更多人看到。對外推廣華德福教育理念時，我也把孩子真正的需要放第一位，因而安然度過許多困境。

慈心公辦民營遷入冬山校區之後，由於這塊校地是徵收來的，外部對我們有許多不解，甚至誤解，甚至認定我們是財團。那段時期除了投入大量心思改造校園、擘劃公辦民營學校的發展，還經常得跟地方溝通，去跟鄉鎮代表會報告，希望緩和與地方的緊張關係。有一回我跟負責校園改造工程的建築師一起去鄉鎮代表會報告，一進到代表會，面對三十幾名鄉鎮代表，一眼望過去全都是男性，只有我一個女性。他們一開始就劈哩啪啦講了很多政治語言，我幾乎聽不懂，感到手腳冰冷、身體發抖。我定下心想：「既然他們都只講政治語言，那我就只能講『教育』的語言，想辦法講出我們教育真正的需要。」我開始講沒有多久，會場便慢慢安靜下來。會議要結束時安靜無聲了一會，才有位代表站起來說：「對啦！校長這樣報告之後，我們知道她其實是很用心的。」我從會議場走出來的時候已經耗盡力氣，呼了一大口氣坐上車，心裡覺得：「好險！好像過關了。」

時間為我們做了一半

身為學校的創辦人，我從一開始就希望慈心可以建立一個自由、自律、互信的辦學團隊，我一直到現在還是堅持這些經營理念。這麼多年來，我試著透過磨墨奉茶，深入於無形的引領，累積下來的是一種珍貴的團隊文化。從我擔任校長到現在，我們總共經歷了六位校長（每三年遴選一次），每位校長都很清楚這所學校是靠一個團隊在共同運作，個人與團隊的關係，並不是從屬的關係，而是賦權跟信任的尊重關係。不論誰當校長，我們絕對的賦權；校長也要相信團隊裡工作小組在做的事情，他也會授權。賦權、授權，信任跟感謝，這些信念已經在我們的教師文化裡存在。教師文化不是一種單一組織模式，而是在「自我認同、自我檢視、自我轉化，以及群體共創」這四個階段裡面不斷地轉動磨練，被磨練最多的就是擔任校長、主任的人，這樣的教師文化完全是累積堆疊而來的。教師的文化一旦養成，團隊的動能就會愈來愈真實地存在，個體的自由也就優游其中。團隊的動能存在的時候，個人跟群體的關係會比較自由，也會自在形塑一種紀律，所以這所學校會是一幅共同創作的美麗圖畫，無法被評比好壞，是台灣教育現場真實可貴的存在。

一所學校會需要靈魂人物，工作小組也需要靈魂人物。我們從一開始只有七位老師的時期，就有三組的工作團隊，到現在，我們組織的運作也一直在演化中，而我們的考驗也一直沒有停過，每天都有挑戰。到後來我都會說，我們就好好地過每一天。但是即便我們好好地過每一天，也要有一個多元層次的視角，了解過去跟未來不會是毫無相關的兩端。這都要在個人的覺知意識裡面，個體才會在團隊之內被看見，個體本身也才能洞見自己的改變並保有整體觀。到最後，我們會發現，很多事情都是由時間經年累月堆疊出來的。

我很常跟同事分享，如果華德福教育要走六十年才能看到成果，我一定等不到那一天。但是等到我們可以看到成果的時候，我們會發現，這些成果不是因為哪個人很厲害，或是哪個階段有哪群人做得很好，也就是說都不會是僅止於個別因素。可確定的是時間為我們做了一大半，這些成果是被時間所堆疊出來，我們只是置身其中。

每一個美好的當下之所以能夠存在，是因為過去跟未來都真實地存在於每一個當下。有一些已經奠定下來的文化，不要認為理所當然，也不要認為瞬間就可以隨便切開。它們之間的環扣，它們之間接軌的文化要能傳承，也要持續開創。而我們也要知道，我們現在所做的事情是為了未來的孩子、為了未來的成人而做的。這就是我所說的，每一個美好的當下，都是連結著過去，連結著未來的。否則真的很難想像，眼前當下存在社會的諸多困難與危機，要如何寄望現在的孩子來解決？

華德福教育師資的養成

華德福教育強調要成為孩子的老師，需要先了解孩子每個階段成長上的需求。施泰納認為「教師最重要的不是教學的內容，而是教師本身是怎麼樣的一個人。」他也認為，所有的教育，到最後都會是一種自我教育，所以「身為教師，我們能做的僅僅是為兒童的自我教育提供一個環境。」施泰納在參訪學校時，很喜歡問孩子：「你愛你們的老師嗎？」關係的建立，也是華德福教育裡很重要的一個元素，是教師工作的核心。

以「財團法人人智學教育基金會」和「財團法人慈心兒童教育基金會」所辦理的幼教、基礎一～八年級、高中師資養成課程來看，課程設計包括幼教三年、一～八年級的兩年基礎養成課程，與兩年專業進階課程，提供進入華德福教育的完整師資養成。

課程著重施泰納人智學與華德福教育概念與涵養；專業進階課程則以專業成長與教學實務出發，為作為華德福教師而準備的專業鍛鍊，也為各領域教育工作者提供專業途徑，進入華德福教育的學習。

（一）二〇一八年開始，「財團法人人智學教育基金會」支持台灣華德福運動聯盟開辦「聯合高中師資養成課程」，計畫總計四年（共計二十四個模組課程），涵蓋華德福教育九到十二年級之基礎課程。每一個模組的課程設計包含：人智學教育哲學、青少年研討／輔導、教學專業課程與藝術鍛鍊等。除了對華德福教育的深入理解、具體呈現華德福教育之縱向教學脈絡、探討教學的藝術、深化培力教師的專業素養之外，也為第一線教師所面臨的多種教育困境提供經驗分享及務實建議。

（二）「財團法人慈心兒童教育基金會」於二〇一九年創立，並承接「財團法人人智學教育基金會」於二〇一六年起開辦之「華德福幼教師資養成課程」，課程架構依據國際華德福幼兒教育聯盟（IASWECE）的華德福幼教師培指導原則規劃，透過人智學研究與人類發展、兒童發展與華德福教育、實務教學法、藝術素養養成與教育專業以及社會教育五個課程領域，協助教育者深入認識自我及個人之生命任務，成為一位身心靈整合的自由人，以作為從事教育工作的核心基石；再搭配教學實務、課程討論與藝術活動，使學習者將所學相關知能，從體驗與思辨到身體力行，整合成為一位教育現場的生命工作者。

帶著覺知的禮物
回到原點

我常常嘲笑自己是「全台灣最厚臉皮的教育工作者」，到七十歲這麼老了，還在第一線工作，還不退下來。我從五十多歲就沒有領學校的薪水，但還是繼續在學校做事，因為那時候人力不夠，就把我的這個職缺讓出來，讓學校可以多聘人手。當慈心中小學正式改制為慈心高中附設國中小學的時候，我就很想回頭來支持幼兒園的夥伴重新扎根。

慈心這所學校是從幼兒園長出小學，然後再長出國中，再長出高中，以前在這裡上學的孩子，現在已經長大了，有的都回來這裡當幼兒園老師、或是考進中小學當老師，我很希望我這個「純淑奶奶」可以為「傳承與開創」鋪路造橋，成為慈心學校的長工，連結傳承一些經驗給年輕的老師和父母。同時也因為我對學前教育的了解，知道學前教育跟高中教育的關係密不可分，孩子的成長不是瞬間切塊再拼湊的，所以也想創造將華德福的兒童發展理論落實在幼兒園、小學、國中、高中的教師團隊。但是在高中成立的那一刻，我一時間還是放不下來。一直到三年前，我從行政到教學，把整個學校的架構重新爬梳完之後，便決定要放手，確定我要退休了。於是基金會和學校幫我舉辦了一個退休儀式，好讓我可以就此「宣布」退休。

慈心幼兒園是我推動教育轉化工程的出發點，過去幾十年，雖然幼兒園穩穩地發展，但現在需要展開新的轉化。回想我年輕時在公立小學工作時，有很多內在掙扎的經驗，因此從一開始創辦幼兒園就非常重視老師的專業，並且希望老師能主動積極、願意自我教育、受到尊重。辦了幼兒園之後才發現，社會上普遍認為幼兒園老師不如小學老師，小學老師不如中學老師，中學老師遠遠不如大學教授。大學教授往往不會往下走到幼兒園，如果有也是要你照著他的想法、理論去做。要讓幼兒園的老師可以真正被尊重，就像我曾經談過的，要帶領老師從自我認同、自我教育，自我轉化，到群體共創，一步步形成教師文化，才能讓教師的內在更堅定。一旦教師的文化有了，社群文化再深耕，人與人生活中相互往來，彼此真誠互動，生活教育不區隔於學校之外，為師者方能把教育、教學做好。

直到目前，慈心這個辦學團隊有家長、教師、兒童、青少年，嚴格說來，還要涵括宜蘭縣政府和教育部的實驗教育政策，這因果關係在當今的教育現象有趣又弔詭。照理說，因為有實驗教育政策，才有慈心辦學團隊的果，但慈心團隊卻也是催生倡議實驗教育政策者之一，乘載著實驗教育學校生命共同體的命運之因。

慈心團隊老中青三代同堂，各自代表著創造力的匯聚，一路存風取雨，從來不僅只做著校內的校務工作而已，教師團隊以及所有參與其中的每一位夥伴也各自彰顯著對理想教育的實踐，「一起努力一起學習」、在融入與穿出中各自務實地「立足於內在的生命任務」之中。「我是誰？」、「眼前孩子的成長需求是什麼？」、「我如何支持他成為一個健康、自由的人？」這是我們共同專心關注的重心！我們試圖釐清每一個世代的整體任務與階段性的發展目標，因為我們知道自己在做什麼！

建構生活文化平台

五十多年漫長的日子，我一天比一天清楚孩子的需要，從幼兒園到高中，再回頭看零至三歲年幼的生命，他們的需要是很不同的。這也是我卸下人智學教育基金會董事長一職，幾經思考沉澱，希望重建教育藍圖，成立慈心兒童教育基金會的主要原因。因為我知道，社群需要真實耕耘，華德福的三元社會實踐期待建立健康的生活方有可能行進，落實當年辦學的初衷——「以學校作為健康社群的種子」，進而賦予學校新的社會圖像。

如果眼前的大人抱著一起學習的心，大家參與其中，每個人都可能是另一個人的老師！生活教育沒有驅逐於教學之外，家校鄰里之間，我們用好的互動交流、真心遇見產生的「關係」，讓孩子進入學習。孩子學習的對象是良善的大人，健康活力的社群，生態豐富的環境，當親師生生命共同交織成長時，即便是簡樸生活，家家戶戶安居樂業的日子指日可待。

當我們不自覺被小我綁住沒有洞察，就會有想法沒有做法、有做法沒有行動，父母老師努力半天，卻不是孩子真實的需要，徒勞無功。這種公共性思維一直在我的生命中活躍著。唯獨穿越自我，方可收穫。

父母老去之後，連說話都會讓孩子很負擔，要如何做到老有所尊？我們期待年長者只剩一口氣時都有價值、不被嫌煩，要怎麼讓老人有尊嚴？怎麼讓老師專業被看到、被尊重？怎麼讓大家看到自己，也看到別人？若青少年成長歷程沒有被保護，沒有開展，就沒辦法在課室裡好好學習，也很難自信地長出自我。中年的成人在成長過程沒有被滿足滋養，就沒辦法自在生活，面對上一代的困境，解不開時會成為生命的包袱。想想不管如何，讓生活互通有無、專業共享，讓社群文化真實被建立起來，慈悲喜捨流動於健康的庶民社群文化之間互惠與融合，家長百工的新公民意識與行動力注入家校親師鄰里的日常生活。

當我體認到當前的世代正在改變，生活、社會的價值觀跟著在改變，從工業時代到數位科技時代的快速變遷在瞬間到來。我發現代間的關係被切斷了太多，很多智慧沒有傳承下來，學校教育也逐漸跟生活脫離了關係。現在的老師和家長都已經是被３Ｃ產品養大的，他們可能很會讀書，但是沒有生活的基本技能，因為東西用買的就有了，他們不需自己動手動腳，親子之間的關係也就疏離了。孩子說：「你給我錢，我要去買早餐。」你會很自然地從口袋裡拿錢出來，沒有去想到營養跟健康的問題。年輕的父母在生活中無助辛苦時，也不知道他是可以求救的。

我看到生活領域的教育已經不見了，所以我回到幼兒園，看看可以怎麼樣跟這些年輕的爸媽和年幼的孩子工作，同時也讓這些幼教的老師了解怎麼樣陪伴當今幼小孩子。希望大家可以一起想想看，如何透過環境、社群跟親師之間的關係來做些努力。所以只要一有機會，我就不斷地跟人討論：「怎麼樣可以找回生活中的文化記憶？」

傳承、轉化、創化生活中的文化記憶，也是現代教育工作者承載的社會責任之一。在勇敢築夢的同時，帶心行動，既抱持理想也學習務實。大大小小一起過質樸的生活，讓生活中的空間美學優遊其中。

有了這樣的想法，並環扣著親師之間的關係，我們就想到，是不是可以在慈心幼兒園這個小小的空間裡頭打造一個社群的生活平台，讓早期自然的建築、自然的生活、生態，可以回到這個教育的搖籃。我希望透過這樣的社群生活平台來進行飲食文化的交流，教大家如何利用當地的食材，同時也分享異國的料理文化，支持年輕的父母願意回家煮飯給孩子吃。我也想要透過這個社群生活平台，讓大家知道可以如何從環境中取材做一些藝術裝置，讓自然的元素可以進入室內，讓家中也充滿創作，所以孩子不會待在封閉的空間裡，而是讓孩子能夠真實的生活在有天有地的環境裡。慈心當年在轉型實踐華德福教育的時候，我就曾寫過一些文章，談到「無毒的社會讓孩子健康長大」、「自由的環境讓孩子自在成長」……，這些理念是從我辦學一開始的初衷，至今仍綿延不到盡頭地持續耕耘著。

我們在構築這個社群生活平台的時候，剛好遇到了新冠疫情，但是我們還是很努力地展開計畫。我們花了半年的時間多次與不同的專家和耆老討論，並且去拜託羅東運動公園的設計者石村敏哉，請他們的團隊一起跟我們老師討論這裡的空間，結果我們討論出要蓋一座「生火料理廚房」。我們利用了幼兒園原來的一個倉儲，建造了一個戶外的自然廚房，裡面搭建了大灶、土窯，採用了很多大自然的素材，像是泥土、石頭、稻草、竹子……，還去南投請了木作老師傅幫我們製作櫥櫃，整個建造的過程都盡量採用友善環境的方法施工，希望這個廚房可以做到環保、節能、高效，並且發揮傳統烹飪的智慧。

這個廚房是我們連結鄰里與社群的場域，也是重新串連起代間關係，找回台灣珍貴生活文化與親師生共學的空間。生火料理廚房完成後，幼兒園師生一起搓湯圓為大灶、土窯獻上祝福，並且用這個廚房為大家煮了一頓健康美味的午餐。我們特地請老師來教孩子和家長一起做窯烤披薩、麵包和各種料理。每週大約有兩天，幼兒園的午餐也是由這個廚房烹調供應，感受不一樣的柴燒料理所煮出來的食物，充滿著來自宇宙之光的能量。

我們邀請了很多阿公阿嬤來教大家做碗粿、炒米粉、包潤餅……，也請他們教新手父母一些烹飪的要訣，怎麼煮孩子不愛吃的豆子、筍子和茄子等食材，以及如何做出更多變化的米食料理。我們還舉辦了用在地食材做出異國料理的交流，包括：義式、泰式、印度的料理等。這許許多多的共學活動，提供給有興趣的父母來學習，讓他們家裡的飲食可以變得比較豐富。透過飲食文化的交流、透過好好地吃、好好地品味，我們希望可以把溫暖帶進家庭生活、把營養帶進健康。

我們還在料理廚房旁邊規劃出可以養雞、養鴨的地方，以及小小的菜圃，栽植藥草和香草的感官花園。學校的落葉、枯枝撿一撿就可以當堆肥、當

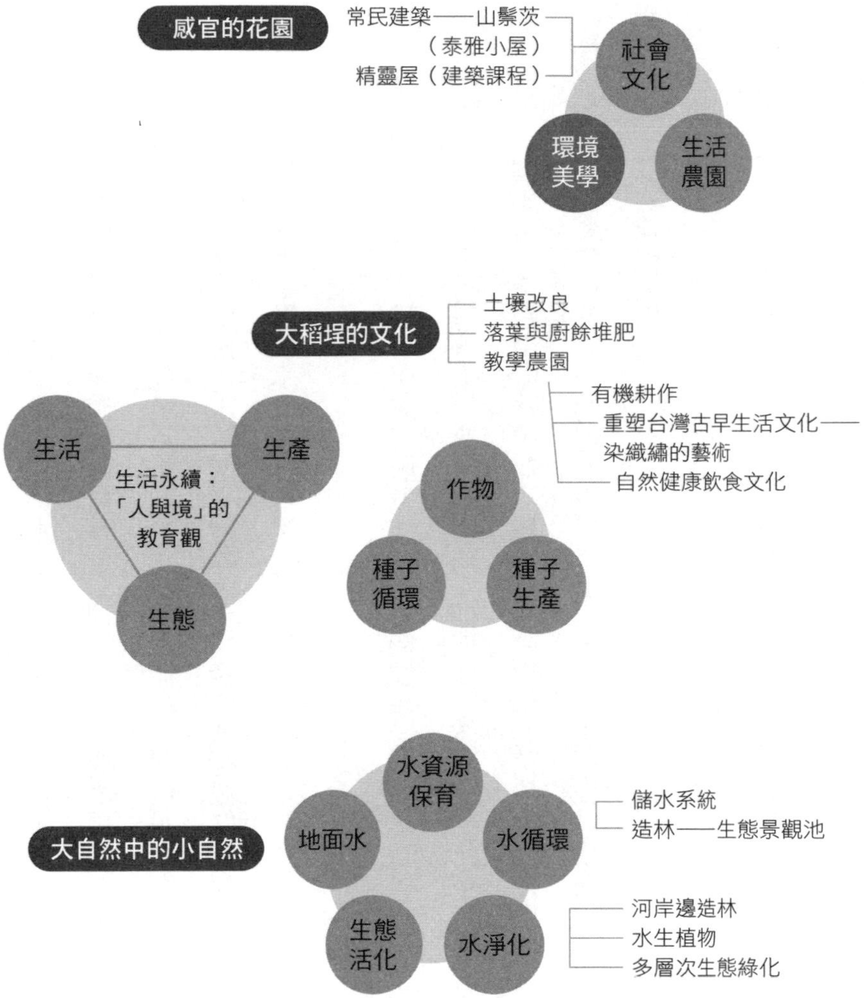

回顧當年冬山校區校園整治的「人與境」環境教育觀，
從圖示中逐步連結實踐教育與生態、家庭與學校的生機互動模式。

廚房的燃料。家裡有幼小的孩子可以帶來這裡種種菜、澆澆花，大家一起共學。在生態環保的部分，我們鼓勵家長把家裡不用的，或壞掉的蔬果、果皮拿來做環保酵素，這樣就可以不必買化學的清潔劑。這些環保酵素還可以幫幼兒園裡的兩個廚房排水做油水分離，再經過一個過濾的過程，水就可以再澆到植物上，形成水的循環利用。

這些點點滴滴的努力，是希望讓這個生活平台能夠做為一個小小的生活典範，鼓勵家家戶戶都可以過這樣質樸的生活，把環保、教育、文化融於一爐，成為一個小小的示範交流區，並能提供慈心中小學的孩子來這裡做地方探究，讓他們看到一個小小的地方也可以很美，同時也可提供給高中生的自然科學實驗課程使用。

在這裡，我們以大自然為師，學習並實踐友善土地，同時也照顧每個人身心靈的環境，期待透過人與自然的匯集，不斷孕育並豐富多元的文化與生態，於是在多樣性的場域中，美育的創化便能自然成形於生活之中。

在人與自然、世代之間，透過「共生」、「共學」、「共老」、「共創」，形塑生活教育的平台，建構代間輪轉的新社會圖像，再創台灣珍貴的生活文化，是慈心兒童教育基金會創辦的使命，也是承擔與願力。打造生活場域，守護大自然中的小自然，代間共同學習，多元社會參與，重建鄰里文化。平衡和諧的生活便能奠基健康的基礎，從個人、家庭到社群文化，開展健康和平的社群樣貌，是為孩子也為彼此努力的共同願望。

所謂永續校園的經營，不是一直往高處爬，而是要營造一個生生不息的循環，這才是永續。以學校做為健康社群的種子，鄰里相互照顧，阿公阿嬤教年輕爸媽怎麼幫孩子做玩具，怎麼煮家傳的私房料理……，這些豐富的生活文化不能在教育裡不見了，我們要讓大家帶著溫暖跟愛，傳遞出這些美德的自然生成與流動。如果有溫暖跟愛，孩子在教育上不論遇到什麼樣的困難，我們還是都可以把他們教好。不是靠教材教法把孩子教好，而是靠環境跟關係，以及我是一個什麼樣的人，這比你有多專業、多有能力都更重要。透過代間教育，把幼兒、兒童、青少年、年輕父母與年輕的祖父母緊緊相連在一起，讓代間教育是現代社會家庭多元支持系統的一環。老吾老以及人之老，幼吾幼以及人之幼，社會文化的參與若能跨越個人、年齡、家庭、社會的藩籬，家家戶戶欣然日出、怡然日落，一定是一幅幅美麗的人生風景。

慈心這所學校得來不易，憑藉民間的社會力，構築出實踐教改的場所。是這麼一大群人的努力，還有一大群看不到的人在默默支持著我們，才讓我們能夠共創出這一座美麗的花園。四十多年前，我從慈心幼兒園出發，啟動了教育上的轉化工程，也踏上了我漫長的修行旅程，如今再回到這所幼兒園，是另一段修行之旅的開始。什麼是終身學習的內涵？如何找回人與人、人與家庭的關係？如何面對疏離、孤寂老死的現代處境？這也是我們可以共修的課題；讓我們平凡人可以成為孩子的典範，可以承載社會的責任，可以很愛地球，可以在參與轉化中共創新世代的生命力，可以過有品質的生活，可以過質樸的日子安居樂業，可以成就健康社群力量的新社會圖像，可以看見家庭教育與文化的價值。

生命的禮物——
慈心的貴人們

慈心從創辦走到今天，現在似乎看到了一點光，但是光背後的黑暗是無法迴避的。光與黑暗一直是纏繞在一起的兩股力量，相互成就著。大環境對華德福教育還未建立起一種完全的信任，團隊也在世代的傳承與開創中，裡裡外外的角力、評斷和辯證，一直很真實地日夜常存。即便這個世代正經歷著社會型態、價值觀巨大的改變，我仍然對這所學校未來的永續生命充滿著信心，因為這一路走來的過程中，有很多關鍵的影響人物給了我們向前行的鼓舞力量，對我們有包容、有欣賞、有肯定和感謝，所以最後我想要來談談慈心的貴人們。

「人智學教育基金會」蔣家興醫師

慈心從公辦民營開始規劃藍圖、動工到現在已經二十幾年了。我們一開始的辦學藍圖其實非常簡單，希望在既有不變的教育體制裡，能夠有一些突破。我們只是單純地希望孩子能健健康康地長大。但是「讓孩子健健康康長大」這一句話的背後，深藏著很多的層面，需要打破成見，需要大破大立才有辦法做到，我們只能細細地一小步、一小步地持續著我們的工作，齊心共創帶心行動，懷著「好貓管百家」的生命熱忱，照護學校團隊和鄰里社群。

在公辦民營開始的第一個階段，其實沒有人知道什麼是華德福教育。當自治條例通過，讓慈心華德福小學公辦民營成為可能的時候，竟然有縣議員拿著白布條抗議我們通過了公辦民營的模式，現在看起來很不可思議。當時的整個社會氛圍有很多的限制，慈心跟傳統的教育有很多不同，讓很多人不能夠接受的是：我們是四學期制、沒有課本、沒有考試、沒有比賽與競爭。實驗教育基本上顛覆掉一些傳統教育的觀點。

當時和宜蘭縣政府簽立公辦民營委辦契約的時候，我們一方面很欣喜，一方面誠惶誠恐，因為有太多民意代表的不理解。那些議員認為實驗教育不應該有特權，所以要求我們要等同公立學校去縣議會備詢。他們說：「全台灣都有課本都教成這個樣子，你們沒有課本，怎麼可能？」「你們要四學期制，那別人在上課時，你們的孩子在撲撲飛……」「又沒有考試，又不參加公部門的比賽（語文、科展比賽等）……」「你們又要用政府的錢，又要有自己的基金會，你一個女人有兩個公婆，到底要聽誰的？」他們在議會裡講得非常直接嚴厲，這些話語很有震撼力。我必須好好去解釋，讓他們了解，華德福教育認為年幼的時候要保有讓孩子適才順性發展的環境，要照顧到孩子的每一個發展需求與個別性。希望他們能支持我們堅持的理想，讓孩子的學習沒有斷層，讓熱情的老師可以出現，讓專業可以被看到。

我就是一講再講，從議會說明講到議員服務處去，回應他對華德福教育的憂慮，希望可以建立出一種民間力量跟公部門合作的機制。但是我發覺，這種合作機制的建立非常困難，我不斷地衝撞到各種既有的觀念與框架。在這樣的困境中，我要特別感謝我們創校時期願意出來擔任「人智學教育基金會」創會董事長的蔣家興醫師。

由於公辦民營需要有一個法人機構去承辦縣府委託民間辦學的事務，所以我們在開始公辦民營的前一年，也就是二〇〇一年，成立了「財團法人人智學教育基金會」。在成立基金會之前，我和夥伴們討論基金會需要一位怎麼樣的董事長，大家覺得我們這樣的一個辦學團隊，不需要有錢有勢或擁有政治勢力的董事長（雖然這些也是很重要的資源）。

我本來跟蔣家興醫師並不認識，但就在蔣醫師的太太在宜蘭社大修課的時候，我們遇見了她的孩子跟她的先生，並且邀請他們來參訪慈心幼兒園。在一個寒冷的夜晚，我和慈心早期投入的團隊去蔣醫師家裡拜訪，跟他深談到很晚。我們跟他談到為什麼我們沒有競賽、沒有考試，為什麼要去觀照到孩子的差異性、孩子個別的氣質、為什麼我們要針對孩子做很多個案的研討。

我們需要他認同這群有熱情的老師，想要重新開創孩子的學習環境，想要抱持一份理想前進、實踐教改，並說明我們需要一位對社會改造有企盼、對生命有熱情、對世界不冷漠的正人君子，來支持我們辦學。那時候他的三個孩子都還小，老大才小二，所以他對我們所談的理念非常有認同感。在跟我們深談過後，他把孩子送來慈心就讀，並且了解我們為了公辦民營，需要成立一個基金會。

之後，我再度與蔣醫師深談，邀請他擔任基金會的創會董事長。蔣醫師在理解之後，就無條件地盡心盡力支持我們。他從內在真心支持我們的教育理想，我想這是因為他看到了平凡百姓的真誠，看到了現場從事教育工作者的質樸。他也許覺得很不可思議：「在宜蘭這個鳥不生蛋的地方，怎麼可能會有人抱持這樣大的理想？」

蔣醫師擔任我們基金會創會的董事長之後，其實經歷了很多的煎熬。我還記得有一回面對很難解決的困境時，蔣醫師的太太流著眼淚說：「我們這樣一個平凡的家庭，為什麼要這麼難過艱辛？」她的這句話讓我一直謹記在心，這樣一個好家庭的好人願意來幫忙承擔未知的未來，無論如何絕不能讓蔣醫師一直皺著眉頭陪伴我們、只承擔責任，我一定得讓這所學校順遂發展。

慈心小學創校早期我們完全不敢募款，基金會要成立的時候，我的個人財力已用盡了，我們是用社群的力量，兩萬、三萬、四萬這樣借貸，才湊足設置基金會的兩百萬基金，等基金會成立之後再逐月償還，當年的處境像極了貧窮人家的赤腳大兄，咬緊牙日復一日地勤儉持家省吃儉用，日日以一百塊錢當一千元用地張羅柴米油鹽醬醋茶。一直到很後來，我們才建立了正式合法的募款機制。雖然政府已經非常努力比照公立學校的經費編制給我們，但是華德福教育要落實、要可行、要開創出它的未來性，光靠政府給的經費是不夠的。「人智學教育基金會」最重要的任務之一，是華德福教育師資的養成。

基金會成立之後，我們唯一對外經營的就是師資培訓。那時候的師培是為了自身慈心華德福學校師資養成的需要，但是我們也對外開放有興趣的人來受訓。我們非常感謝早期從國外學習華德福教育回來的老師和參與的家長，他們共同來支持學校教學業務之外的師資培育工程。

在創校初期，我們除了要克服很多公部門和傳統機制的限制，讓我們的人才養成可以進行之外，同時我們還面臨了校舍不足的問題、校園環境整理的問題，這都需要人力和財力，這也是我們需要成立一個基金會的原因，基金會承載了我們辦校的許多任務。我很感謝基金會的成立，尤其是在成立的關鍵時刻，蔣醫師的出現與應允，以及一路不離不棄的暖心陪伴。現在回想起來，如果我沒有在那個時刻遇見蔣醫師這樣一位正人君子、並陪伴著團隊共度每一個困境，慈心或許很難發展到今天的樣貌。

參與初期創校的老師和家長

另外，我還要感謝的是創校時期的老師和家長。他們都是秉持著理想帶著勇氣，無私奉獻各自的專長來到這所學校。他們有的擁有高學歷，一路從建中、台大畢業；有的家境很好，父母對他們的期望很高。那時候他們加入慈心，父母都非常擔心。

當時有位慈心一年級的導師，有一天很憂愁地跟我說，他的爸媽明天要來學校看看。我很高興，請他告訴我爸媽幾點到，可是他卻沒有開心的樣子。第二天早上，我在門口迎接他的爸媽。結果他們來了一大家族的人，包括爸爸、媽媽、弟弟、弟媳、舅舅、舅媽……。進來之後，我忙著招呼他們，正在泡茶的時候，看到他的舅媽把他媽媽拉到旁邊說：「這個所長看起來還滿仁慈的。」我看了他們一下，然後他媽媽很嚴肅地跟我講：

「我兒子是非常優秀的，你知道嗎？來這裡教書會有前途嗎？你們只是個幼稚園，為什麼要用到高材生？」

後來，還有另一位老師是從國外留學回來的，爸媽遠從高雄到學校來。媽媽看完就說：「早知道你是要來教幼稚園，國中畢業就讓你去教了，為什麼還要讓你去留學？花我那麼多錢。」那時候我就感受到，每一個帶著理想來到我們這邊的人，他背後的家族都給了他們很大的壓力，但他們還是選擇來跟我們一起工作。真心謝謝這些老師，也謝謝他們的父母。

很重要的是，更要感謝當年創校之初四十五位孩子的家長，全然地相信學校，帶著孩子和我們篳路藍縷地開墾每一寸可行的道路，創校家長們當年幾乎與教師團隊一起面對大環境中不可動的任何困難，一起解決看似不可能的各種事務，為未來接續的家長會奠定了很好的機制轉移，面對後續不同階段的困難，每一屆的家長會都能盡心力發揮到極致、完成階段使命，令學校教師、基金會夥伴由衷升起無限感恩與感謝。

從極力反對到全力協助的在地議員

慈心的貴人中，其實最值得好好感謝的是當地的縣議員。他們願意給我們時間，願意日復一日地督促、鞭策、鼓勵、協助，直到看見我們的辦學績效。也有議員當初極力反對我們，理解我們之後轉為全力協助。

我們被鞭策得很緊，只要議員一通電話來，就都非常緊張。他們提出反對的理由，我就去拜訪，說明我就只懂教育、請允許讓我有溝通的機會。我跟孩子有很多的互動，便把孩子的需要一一解釋清楚。我們請當地議員協助邀約全縣的議員來我們學校參訪，觀課、觀察、提問，也請他們不定期地來查訪交流，好讓溝通成為真實。

當地議員在我們辦學的過程中，一直到國中的籌辦，才逐漸對我們有比較正面的看待。他們看到我們的教師團隊真的是很認真，也看到我們不是利益財團在支持的團隊，不是為了自己的利益，而是為了耕耘一片教育的夢土。最後，他們逐漸從超級反對我們，到全力支持我們，直到現在給了我們很多的協助與鼓勵，一路護伴學校的成長，協助我們排除困境，至今感恩不盡！

教育局處首長

慈心在辦學過程中，經歷過民意代表的反對與支持，同樣地，也經歷過不同的縣府局處首長的反對與支持。宜蘭縣每換一位縣長，就會對慈心有一番新的審查、評斷跟拉扯，我們常常好像走一步就得退兩步。公辦民營的歷程中，一開始跟我們互動的教育局長是莊和雄先生，他支持自治條例通過，讓華德福這樣的實驗教育有一個起頭。到了文超順處長的時期，他對整個教育體系非常熟悉，他也支持公辦民營學校的產生，讓這樣的實驗教育可以實踐。

這兩位教育處長對於建立公辦民營機制，讓這樣公開、公平、開放的機制可以在宜蘭領先全國實施，是功不可沒的。後來換了呂國華縣長、林聰賢縣長和代理縣長陳金德，以及林姿妙縣長，教育處長也有所更動。我們之間有很多的一來一往，支持與不支持的都有。例如：有某位處長就曾公開說：「什麼公辦民營？公辦公營就好了。」面對當時各界的不支持，也是增長了團隊力爭上游的動力。我們仍然很正向地看待，也會很感謝。公部門雖然對我們有一些鞭策，但這些鞭策，也讓我們不會單純地陷入自己的想望，讓我們能夠學習務實，並讓我們學習企業經營、學習怎麼樣破冰、學習怎麼樣為生機開路。慈心這所學校能夠把持理想，也是因為我們認真學習認識公立學校的極限，了解它們的疾苦在什麼地方。我們要顛覆、我們要開創、我們要走不同的路，但是我們也想要讓慈心這所學校可以跟其他學校友善交流，也期待慈心這個學校不要一直被另類看待。

企業家的助力

慈心辦學能走到國中，再發展到高中這個階段，真的是要感謝兩位大貴人。一位是緯創人文基金會的董事長林憲銘先生，一位是財團法人公益平台文化基金會嚴長壽先生。

嚴董事長那時候剛接下台東的均一中小學，他想看看現行的華德福教育怎麼落實。我們邀請他來慈心看過之後，跟他建立了一種很好的協力辦學關係。他在精神上和財力上都給予我們很大的支持，也帶進了教育先進和企業界的董事到我們的董事會裡面，讓我們的董事會從早期以教改夥伴為主的成員，增添了多位願意支持教育改革的企業家夥伴。這讓我們辦學的視野更為寬闊，同時帶來了很大的精神鼓舞，我們視嚴長壽先生為引領社會正向前進的時代導師。

慈心與緯創董事長林憲銘的相遇，則是在我們開始為增建校舍公開募款的時候。慈心在逐漸獲得地方的支持之後，外縣市的學生也蜂擁而來。有一段時間，我們的學生人數直線上升，成為宜蘭縣政府新興的教育產業指標，也因此學校的空間、校舍不夠，我們需要一個大的活動中心。當年政府可以補助我們的經費，只夠建造一個沒有屋頂的空間，我們差點就只能蓋一個沒有屋頂的活動中心。

還好當時我們在宜蘭金車國際會議中心所舉辦的實驗教育分享展覽，促成了緯創董事長看見我們的需求。他願意來支持我們，並告訴我們，興建活動中心不夠的尾款，可以由緯創人文基金會來捐助。這個臨門一腳，讓我們學校的藝術張力整個展開。他後來也多次親身來到慈心給老師鼓勵，連續好幾年來看我們高中生的專題發表會，甚至還找了很多人一起來聽。慈心社群的音樂劇，由家長、老師、孩子組成團體在全台巡迴演出，林董事長也邀緯創同仁來觀賞，甚至帶了朋友來交流，期待未來一起表演。

不論是嚴長壽董事長或是林憲銘董事長，他們從精神到真實的物質、經費都給了我們很大的支持。嚴董事長幫助我們打開內在的視野，讓我們看到自己所做的雖然是小小的事情，但在社會上是很重要的。林董事長給予我們很多的肯定和實質的支持，激發了我們內在的動力和團隊合作，以及企業精神的啟蒙。這都是非常溫暖的內在流動，讓大家有勇氣堅持理想、學習務實，進而脫胎換骨，願意慷慨奉獻自己所學。

在辦學初期我們就有來自民間社會力的參與，一屆又一屆的董事會和家長會成為慈心學校很大的支持力量。很感恩歷屆董事會的董事護持與承擔責任，以及家長會長和每個階段齊心奉獻的家長們，因為有您們，慈心家校社群的力量得以匯聚在與自身文化不斷的對話中，我們共同開創有品質且素樸有趣的生活。我們在日常生活中的食衣住行互通有無，朝向以安居樂業的寧靜改革貢獻社會、愛護地球、守護孩子健康成長。二十多年前我不斷說的「為孩子做對的小小事！為孩子找尋更多可信任的大人！給孩子的成長多一份自在！」謝謝您們成為孩子們的典範，我深信親師生的生命共同開展之時，我們健康的社會就已形成！

現在我們已看到大環境的改變，在慈心城鄉孩子已共享在有天有地的自然環境中，自在學習知識與成長需求的能力，企盼更多的孩子們在生活中養成真實環教、科教、農耕、建築、探究與實作的能力。最後我期待徜徉在天地間的教育，成為社會、學校、家庭間的一門社會性藝術，讓代代之間存在著感恩傳承與欣賞開創，一起看見家庭教育與家庭文化的價值，更樂見社會賦予學校教育新的社會圖像。

前面我所談到的，都是看得見的貴人，還有許許多多默默捐款、默默幫我們排除大小困難的人，這些人不計其數，特別要致謝的是從未正式在慈心學校出現，卻是奠基扎實支持力量的初始孵化，慈心這所學校教改實踐的工程，感謝林庚申、林素娥、林素瓊三位老師一路護持，以及慈心社教機構的大天使們。慈心這所學校就是有這麼多的貴人，在他們的幫助下，讓多元教育不再是口號，讓實驗教育可以落實、可以更扎實、更務實。也讓我們從小孩到老師、到家長都可以一直保持開放學習的心。所以我現在有一種收到了好多禮物的感覺。這些都是我生命的珍貴禮物，很真實的生命禮物。

附錄一——

慈心華德福學校生命史

一九七七年　慈心托兒所成立，經歷多種教學模式。

一九九六年　慈心托兒所轉型華德福教育。

一九九九年　成立小學，以非學校型態辦學。

二〇〇一年　因應公辦民營特許模式辦學，成立「財團法人人智學教育基金會」。

二〇〇二年　小學經由縣政府公開、公平、開放的招標機制，宜蘭縣教審會審查通過以公辦民營特許模式辦學。

二〇〇五年　通過宜蘭縣議會、縣政府評鑑並延伸開辦國中。第一次獲頒國家永續發展獎。

二〇一〇年　因學校辦學需求及提升教育品質，建造學生活動中心，基金會和家長會第一次向內政部申請對外募款計畫。

二〇一一年　第二次獲頒國家永續發展獎。

二〇一一年　家長會、基金會、學校三方共同發起成立永續基金，支持學校永續辦學。

二〇一一年　學校延伸高中辦學。

二〇一四年　蘇澳校區再生藝術活化校園。

二〇一五年　學校正式改制為宜蘭縣立慈心華德福實驗高中。

二〇一六年　學校獲頒文化部公共藝術獎。

二〇一七年　第三次獲頒國家永續發展獎。

二〇一七年　興建風雨操場。

二〇一九年　冬山校區興建綠光樓校舍。

二〇二二年　校務評鑑特優。

附錄二——

華德福教育相關網站連結

財團法人人智學教育基金會

財團法人慈心兒童教育基金會

全球人智學運動總部，
位於瑞士多納赫

國際施泰納／
華德福教育組織

台灣華德福學校地圖

慈心線上教育學院

宜蘭帆船學校

華德福教育線上圖書館

施泰納文獻資料庫

學習與教育 236

慈心華德福的教育夢土
從衝撞到典範，張純淑的辦學路

作者／張純淑
採訪撰述／許芳菊
責任編輯／蔡川惠、謝有融
編輯協力／陳佩珊、張修穎、張蕙蘭
校對／魏秋綢
封面繪者／余若君
封面設計／兒日設計
內頁攝影／楊雅棠、林曉芬、曾千倚
內頁設計／連紫吟、曹任華
行銷企劃／蔡晨欣

天下雜誌群創辦人／殷允芃
董事長兼執行長／何琦瑜
媒體產品事業群
總經理／游玉雪
總監／李佩芬
版權專員／何晨瑋、黃微真

出版者／親子天下股份有限公司
地址／台北市 104 建國北路一段 96 號 4 樓
電話／（02）2509-2800　傳真／（02）2509-2462
網址／ www.parenting.com.tw
讀者服務專線／（02）2662-0332　週一～週五：09:00~17:30
讀者服務傳真／（02）2662-6048
客服信箱／ bill@cw.com.tw
法律顧問／台英國際商務法律事務所．羅明通律師
製版印刷／中原造像股份有限公司
總經銷／大和圖書有限公司　電話：（02）8990-2588

出版日期／ 2022 年 9 月第一版第一次印行
定　價／ 450 元
書　號／ BKEE0236P
ISBN ／ 978-626-305-314-4（平裝）

慈心華德福的教育夢土：從衝撞到典範，張純淑的辦學路／張純淑作．-- 第一版．-- 台北市：親子天下股份有限公司，2022.09
312 面；17 × 23 公分．--（學習與教育；236）
ISBN　978-626-305-314-4（平裝）

1.CST: 教育 2.CST: 文集

520.7　　111013764